Marc Stern

Was ist Judentum?

Die häufigsten Fragen
und ihre Antworten

Verlag Otto Lembeck Frankfurt am Main
Bonifatius Verlag Paderborn

Die Deutsche Bibliothek – CIP-Einheitsaufnahme
Ein Titeldatensatz für diese Publikation ist bei
Der Deutschen Bibliothek erhältlich.

2. Auflage 2002
ISBN 3-87476-388-9 (Lembeck)
ISBN 3-89710-191-2 (Bonifatius)

Umschlag: Claudia Goldstein, Dortmund
© 2001 Verlag Otto Lembeck, Frankfurt am Main
Gesamtherstellung: Druckerei und Verlag Otto Lembeck
Frankfurt am Main und Butzbach

Inhalt

Rechtfertigung

Zu den verschiedenen Aufgaben, die ich als Rabbiner der jüdischen Gemeinde Osnabrück wahrnehme, zählen unter anderem auch Führungen in der Synagoge für Schüler der Osnabrücker Schulen oder für Mitglieder verschiedener konfessioneller Gemeinden und Arbeitskreise.

Die Nachfrage nach Führungen in Synagogen ist ein typisch deutsches Phänomen, wahrscheinlich begünstigt durch das schwere Erbe der belastenden Vergangenheit. Für einen Rabbiner jeglicher Gemeinden außerhalb Deutschlands wäre diese Tätigkeit allerdings sehr ungewöhnlich. Da ich aber in Deutschland lebe, passe ich mich gerne den hier geltenden Spielregeln an.

Außerdem nimmt der Prozentsatz, der aus der Ex-UdSSR immigrierten Mitglieder, die fast ohne religiöse Ausbildung nach Deutschland kommen, in den jüdischen Gemeinden stetig zu.

Oft werden mir, sowohl von Führungsteilnehmern, als auch von immigrierten Mitgliedern der jüdischen Gemeinde ganz grundsätzliche Fragen zum Judentum gestellt, wie zum Beispiel: Wer ist Jude? Kann man Jude werden? Was heißt koscher? Welche sind die kosheren Lebensmittel? Wie verläuft der Schabbat? Was bedeutet die Beschneidung? usw.

Diese „FAQ" (Frequently Asked Questions) haben mich dazu veranlasst, sie in einem Buch zu beantworten. Sicherlich ist dieses Buch unvollständig, sogar höchst unvollständig. Meine Absicht war, für alle, Juden oder Nichtjuden, die mehr oder weniger interes-

7

siert sind, eine kurze und praktische Einführung, eine Art Gebrauchsanweisung für das Judentum zur Verfügung zu stellen. Das Ziel war nicht, eine „Enzyklopädie des Judentums" anzubieten, sondern die bekanntesten Aspekte des Judentums darzulegen, um einen Gesamteindruck zu vermitteln und Antworten auf die häufigsten Fragen zu geben.

Mit diesem Werk möchte ich einen weiteren Beitrag zur Verständigung zwischen den verschiedenen Glaubensgemeinschaften leisten, und ich hoffe, dass die Lektüre dieses Buches das Interesse für weitere Literatur über das Judentum wecken wird.

Um den Lesern, die nicht mit den hebräischen Begriffen vertraut sind, das Verständnis zu erleichtern, habe ich an das Ende des Buches ein Glossar gestellt, das alle hebräischen Wörter, die im Text kursiv gekennzeichnet sind, erklärt. Neben jedem im Glossar aufgeführten Begriff ist zusätzlich die Seite seiner ersten Erwähnung angegeben.

Zum besseren Verständnis der beschriebenen Begriffe dienen Abbildungen von verschiedenen Kultusgegenständen. Die Fotos wurden von meinem Freund Krzysztof Zuk aufgenommen. Das Foto der Umschlagseite zeigt das Innere mit der heiligen Lade in der Synagoge der „Communauté israélite orthodoxe de Bruxelles", die mir freundlicherweise die Veröffentlichung dieser und anderer Abbildungen genehmigt hat. Weitere Fotos stammen ebenso mit freundlicher Genehmigung aus dem Emslandmuseum in Lingen.

An dieser Stelle möchte ich meinen Mitarbeiterinnen Christine Hillebrandt und Katja Hornoff, die mir beim Verfassen dieses Buches in deutscher Sprache geholfen haben, ganz herzlich danken, sowie meinem

Freund Gerhard Hinkeldey für seine hilfreichen Verbesserungsvorschläge.

Ich werde meine Arbeit als von Erfolg gekrönt betrachten, wenn dadurch auch nur eine einzige Person zu den Traditionen des jüdischen Glaubens zurückkehren wird.

Möge es Gott gefallen, dass sich die Erfüllung diese Wunsches vervielfacht.

Lag BaOmer 5761
Im Mai 2001

Grand-Rabbin Marc Stern

Marc Stern

Glaube

Allgemeines

Was ist eigentlich das Judentum?

Das Judentum ist eine monotheistische Religion. Es ist aber nicht nur eine Religion, sondern vor allem eine Lebensweise, die beinhaltet, dass sich ein Jude mit seinen Gedanken und Taten den ganzen Tag über, vom Aufwachen bis zum Schlafengehen, nach Gott und seinen Geboten und Verboten richtet.

Wie definiert sich das Judentum als eine monotheistische Religion?

Eine monotheistische Religion zeichnet sich dadurch aus, dass an nur einen einzigen Gott geglaubt wird. Die Juden glauben an einen immateriellen Gott, der die Welt erschaffen hat, wie es in der *Tora* steht (Genesis 1,1-2): „Im Anfang schuf Gott Himmel und Erde; die Erde aber war wüst und wirr, ... und Gottes Geist schwebte über dem Wasser."

Oft wird der Monotheismus mit Awraham assoziiert und als Gott Awrahams gesehen, da Awraham der erste Mensch war, der die Existenz Gottes in einem heidnischen und vom Götzendienst geprägten Umfeld anerkannte. Awraham wurde also der erste Gottesgläubige und Gottesdiener.

Obwohl sich der Glaube an Gott auch durch den Glauben an seine *Tora* und an den Propheten Israels verwirklicht, gibt es keine Dreifaltigkeit, noch gibt es einen geteilten Glauben oder einen Vermittler. Gott ist Gott und nur Er allein ist würdig, dass man an Ihn glaubt und zu Ihm betet. Die Frage nach dem Glauben an Gott wurde von Maimonides in seinen 13 Glaubensartikeln zusammengefasst.

Welche sind die dreizehn Glaubensartikel Maimonides?

Maimonides identifiziert Gott als Schöpfer der Welt. Jeder der 13 Artikel beginnt mit den Worten: „Ich glaube mit voller Überzeugung ..." und wird wie folgt dekliniert:

1. ... an Gott, Der alle Geschöpfe erschaffen hat und sie leitet.

2. ... an die ewige Einzigartigkeit Gottes.

3. ..., dass Gott kein Körper ist, noch, dass Er einem körperlichen Begriff unterliegt.

4. ..., dass Gott der Erste war und zuletzt noch sein wird.

5. ..., dass nur Gott allein würdig ist, dass man zu Ihm betet.

6. ... an die Wahrheit aller Worte der Propheten.

7. ... an die Wahrheit der Prophezeiung Mosches[1] und dass Mosche der Vater aller Propheten ist.

8. ..., dass die ganze *Tora*, die sich in unseren Händen befindet, diejenige ist, die Mosche am Sinai übergeben wurde.

---

[1] Mosche ist die der hebräischen Aussprache entsprechende Schreibweise des Propheten Mosche.

9. ..., dass die *Tora* niemals ausgewechselt werden wird und dass es keine andere *Tora* von Gott, dem Schöpfer geben wird.

10. ..., dass Gott alle Handlungen und Gedanken der Menschen kennt.

11. ..., dass Gott diejenigen belohnt, die Seine Gebote befolgen und diejenigen bestraft, die gegen Seine Verbote verstoßen.

12. ... an das Kommen des Messias, selbst, wenn es sich lange hinauszögern wird.

13. ... an die Auferstehung der Toten.

Wie passt der Glaube an den Messias mit dem Glauben an Gott zusammen?

Das Kommen des Messias gehört zum Ziel der Schöpfung der Welt. Jeder Mensch ist frei, Gutes oder Böses zu tun, und der Messias wird in dem Moment, in dem er kommen wird, die Welt und die Menschheit erlösen. Dann wird Gott den dritten Tempel auf Erden errichten, die Menschheit wird in perfekter Harmonie zusammenleben, und jeder wird Gott aufrichtig dienen. Die Welt, wie wir sie kennen, mit all ihrem Leid, ist eine Vorbereitung auf die künftige Welt und auf das künftige Leben mit dem Messias.

Wann wird der Messias kommen?

Es gibt keinen bekannten Zeitpunkt für die Ankunft des Messias, aber wir erwarten ihn jeden Tag. Manche Rabbiner haben schon versucht, das Ankunftsdatum des Messias zu errechnen, allerdings ohne Erfolg.

Es gab außerdem bereits zwei messianische Bewegungen, die bekannteste wurde von Schabtai Zwi angeführt. Er krönte sich selbst zum Messias und konvertierte später zum Islam.

Unsere Weisen lehren uns, dass der Messias kommen wird, wenn alle Juden der Welt zwei *Schabbatot*[2] hintereinander vollkommen einhalten, oder wenn alle Juden gegen zwei *Schabbatot* hintereinander verstoßen. Manche Rabbiner behaupten, dass auch ein *Schabbat* ausreichen würde.

Wie dem auch sei, es liegt an uns, die Ankunft des Messias zu beschleunigen, indem wir die *Mizwot*[3] der *Tora* erfüllen.

Was macht ein Jude beim Aufwachen?

Sobald man sich bewusst ist, dass man wach ist, sollte man Gott dafür danken, dass Er einem erneut das Leben für den beginnenden Tag geschenkt hat, und man spricht dann das Gebet *Mode ani*:

„*Mode ani lefanecha, melech chai wekajam, schehechesarta bi nischmati, bechemla, raba emunatecha.*"

(„Ich danke Dir, König, Lebender und immer Bestehender, dass Du mir in Barmherzigkeit meine Seele wiedergegeben hast, groß ist Deine Treue.")

Danach steht man auf, um sich die Hände abzuspülen. Durch diese Waschung wird man von der Unreinheit der Nacht und des Schlafes gereinigt. Erst dann sollen die Jungen und Männer ihre *Kippa* aufsetzen.

---

[2] *Schabbatot*, Plural von *Schabbat*.
[3] *Mizwot* bedeutet „gute Taten" oder „gute Handlungen", Plural von *Mizwa*.

Wie muss man sich die Hände waschen? Gibt es bestimmte Rituale?

Man nimmt dafür ein spezieller Krug mit zwei Henkeln, den man mit Wasser füllt und begießt damit zuerst die rechte Hand, dann die linke und so weiter, bis beide Hände dreimal begossen wurden. Dies dient dazu, die Unreinheit zu entfernen, die durch die Nacht und durch das Berühren der Körperteile, die bedeckt sein sollten, entstanden ist.

Rabbi Schlomo ben Elijahu von Wilna ist der Meinung, dass man, indem man jede Hand dreimal abwäscht, die Unreinheit der Nacht noch nicht beseitigt hat, da das Wasser, das sich noch auf den Händen befindet, noch unrein ist, auch wenn die Hände nach dreimaligem Waschen rein geworden sind. Daher empfiehlt er, die Hände noch ein viertes Mal abzuspülen, um alle Spuren von Unreinheit zu entfernen. Es geht hier nicht um Sauberkeit, sondern um Reinheit. Es ist aber ersichtlich, dass die Sauberkeit von großer Wichtigkeit ist, daher sollte man, nachdem man diese rituelle Waschung vorgenommen hat, die Hände und den Rest des Körpers mit Seife waschen.

Wie kann man sich den ganzen Tag über nach Gott richten?

Jede *Mizwa*, die wir am Tag vollbringen, bedeutet, dass wir uns nach Gott richten.

Wenn sie sich anziehen, legen jüdische Jungen und Männer ein Gewand an, das *Tzitzit* heißt.

Man betet dreimal am Tag, morgens, mittags und abends, vor und nach dem Essen einen Segen und sogar nach dem Toilettengang spricht man ein kurzes Lobgebet.

Außerdem sollte man sich eine gewisse Zeit am Tag nehmen, um die *Tora* zu studieren.

Zu jedem möglichen alltäglichen Ereignis gibt es einen entsprechenden Segensspruch: wenn man eine gute oder eine schlechte Nachricht erfährt, wenn man einen König von nahem sieht, wenn es donnert oder blitzt, wenn man einen Regenbogen, eine Mond- oder Sonnenfinsternis sieht, wenn man einen besonders guten Duft riecht, wenn man ein neues Kleidungsstück anzieht, usw.

Beim Schlafengehen spricht man schließlich einen Segen, in dem man Gott während der Nacht seine Seele anvertraut.

Was ist eine Mizwa?

Eine *Mizwa* ist ein Gebot, das in der *Tora* steht oder das von den Rabbinern vorgeschrieben wurde. Es ist auch eine gute Tat oder gute Handlung und wird als das Gegenteil einer Sünde bezeichnet.

Wodurch ist man Jude?

Das Judentum wird über die Mutter vererbt. Ein Kind aus einer Mischehe ist also jüdisch, wenn die Mutter Jüdin ist. Wenn nur der Vater Jude ist, ist das Kind nicht jüdisch. In diesem Fall zählt der Vater nicht, da die Vaterschaft weniger gut beweisbar ist als die Mutterschaft. Außerdem wird durch diese Regel der Tatsache Rechnung getragen, dass die Frau mit Schwangerschaft und Geburt einen größeren Beitrag zur Entstehung des Kindes leistet.

Wenn man nicht von Geburt an Jude ist, gibt es die Möglichkeit, zum Judentum überzutreten.

Wie kann man zum Judentum übertreten?

Da das Judentum vor allem eine Lebensweise ist, die mit einem Glauben verbunden ist, muss man unbedingt alle Traditionen, Gebote und Gebete erlernen. Das theoretische Lernen reicht jedoch nicht aus, es muss auch von der Praxis begleitet werden. Dazu ist es nötig, in einer jüdischen religiösen Umgebung zu leben, im Idealfall in einer religiösen Familie. Die theoretische Ausbildung dauert zwischen ein und zwei Jahren. Während dieser Zeit wird der Kandidat[4] dreimal vom *Beth-din* entmutigt. Auf diese Weise soll seine Aufrichtigkeit geprüft werden. Nach der Ausbildung wird erneut die Aufrichtigkeit des Kandidaten geprüft, ebenso sein theoretisches Wissen. Wenn der *Beth-din* von dessen ehrlichen Absicht überzeugt ist, verpflichtet sich der Kandidat, die verschiedenen Gebote und Verbote der *Tora* einzuhalten. Danach geht er in Anwesenheit des *Beth-din* in die *Mikwe*. In diesem Tauchbad spricht der Kandidat den Segensspruch über das Eintauchen sowie das Glaubensbekenntnis *Schema Israel*. Nach dieser Prozedur erhält er seinen jüdischen Vornamen und wird in die jüdische Gemeinschaft aufgenommen. Ist der Kandidat ein Mann, muss er sich beschneiden lassen.

Was genau ist ein Beth-din?

Der *Beth-din* ist ein Rabbinergericht, das sich aus drei Rabbinern zusammensetzt, von denen mindestens einer ein Rabbinerrichter-Diplom hat. Dieser *Beth-din* ist

---

[4] Um den Text kurz und überschaubar zu halten, verwenden wir nur die männliche Form, welche aber die weibliche auch mit einschließt.

für alle Angelegenheiten bezüglich des Übertretens zum Judentum, Scheidungen und Zivilrechtsfragen verantwortlich. Er ist außerdem eine Art Schiedsgericht und vermittelt zwischen streitenden Parteien. Das Strafrecht wird in der Diaspora wie in Israel durch offizielle Gerichte ausgeübt.

Die Urteile des *Beth-din* sind immer derart gerecht und der Sache angemessen, dass sie sogar von Nicht-Juden geschätzt werden. So wenden sich in England viele nicht-jüdische Kläger an ein *Beth-din*, um Zeit und Geld, welche mit einer Gerichtsverhandlung verbunden sind, zu sparen. Sie akzeptieren dann das Urteil so wie das eines offiziellen Gerichts.

Kann man aus dem Judentum austreten?

Nein. Wenn man als Jude geboren wurde oder zum Judentum übergetreten ist, bleibt man Jude bis zum Tod. Der *Talmud*, Sanhedrin 44a, vermittelt, dass ein Jude, auch wenn er gesündigt hat, ein Jude bleibt. Selbst wenn sich jemand als aus dem Judentum ausgetreten bezeichnet (und dies stellt schon eine der größten Sünden dar, die man begehen kann), so hat seine Erklärung für das Rabbinat keine Gültigkeit.

Die Tora, Gottes Botschaft

Was ist die Tora?

Das Wort *Tora* kann mit „Bibel" oder mit „Lehre" übersetzt werden, aber gleichzeitig bezeichnet es andere Begriffe. Zunächst steht *Tora* im engeren Sinne nur für die fünf Bücher Mosche, im weiteren Sinne ist

18

Tora die Bezeichnung sowohl für die fünf Bücher Mosche, als auch für die Schriften der Propheten und die Hagiographen. All diese Schriften bilden zusammen das, was unsere Gelehrten „die schriftliche *Tora*" oder „schriftliche Lehre" nennen.

Im Gegensatz zur schriftlichen *Tora* gibt es die mündliche *Tora* (Lehre), die die Auslegung der fünf Bücher Mosche darstellt. Dieser Teil heißt der *Talmud.*

Eine weitere Bedeutung von *Tora* ist die *Tora*rolle selbst, auf der die fünf Bücher Mosche geschrieben stehen.

Was ist der Talmud?

Der *Talmud*, was auf Aramäisch auch „Lehre" bedeutet, ist die Zusammenstellung der verschiedenen Auslegungen der *Tora*, die von den Rabbinen[5] seit der Zeit der Propheten bis einige hundert Jahre nach der Zerstörung des zweiten Tempels verfasst wurden.

Es gibt zwei *Talmude*, den babylonischen, der 475 n. Chr. beendet wurde und den *Talmud* von Jerusalem, der 279 n. Chr. zusammengestellt wurde. Der *Talmud* besteht wiederum aus zwei Teilen: der *Mischna*, das erste Gesetzbuch auf Grundlage der *Tora*, das ungefähr 190 n. Chr. kodifiziert wurde und der *Gemara*, die die Lehren der Rabbinen über die *Mischna* beinhaltet.

---

[5] Rabbinen und Rabbiner sind beides Pluralformen von der Einzahl Rabbiner. Der Plural Rabbinen bezieht sich auf alle *Talmud*-Autoritäten, während Rabbiner für alle übrigen steht.

Was ist der Midrasch?

Der *Midrasch* ist eine esoterische Interpretation der *Tora*, mit Geschichten und Dialogen, die in der *Tora* nicht ausdrücklich geschrieben stehen. Der Verfasser eines *Midrasch* ist oft unbekannt und die *Midraschim*[6] werden verschiedenen Sammlungen zugeordnet.

Mit welchem Alter beginnt man, die Tora zu lernen?

Jehuda ben Tema lehrt in den Sprüchen der Väter, dass man seine Kinder ab fünf Jahre in die Lehre der *Tora* einführen sollte, schon mit sechs Jahren in die *Mischna* und mit 15 in den *Talmud*.

Mit welchem Buch der Tora beginnt das Lernen?

Eine alte Tradition besagt, dass Kinder, die mit dem Lernen der *Tora* anfangen, mit dem ersten Kapitel des Buches Levitikus, das ausführlich von den Opfern berichtet, beginnen sollten. Unsere Weisen wollen auf diese Art den Eltern vermitteln, dass die religiöse Erziehung eines Kindes nur dann erfolgreich sein kann, wenn die Eltern bereit sind, sich dafür aufzuopfern, nicht nur auf materiellem Gebiet, damit die heimische religiöse Erziehung ebenso gelingt wie in der jüdischen Schule.

Ein weiterer Grund, warum den Kindern zuerst Levitikus unterrichtet wird, ist, dass dieses Buch die Gebote der Reinheit und der Liebe beinhaltet, die als Grundlage der *Tora* gelten. So gibt man den Kindern von Anfang an zu verstehen, welches das Ziel der göttlichen

---

[6] Plural von *Midrasch*

Botschaft ist und welche Berechtigung die gesamten Gebote Gottes haben.

Warum heißt die Tora „Die fünf Bücher Mosche"?

Mosche war der größte Prophet und der Einzige, der das Privileg hatte, von Angesicht zu Angesicht mit Gott zu sprechen. Gott diktierte ihm die *Tora*, und er schrieb sie nieder. Als Mosche starb, nahm Josua diese Ur-*Tora*rolle in der heiligen Lade mit sich, als er den Jordan überquerte, um sich in Israel anzusiedeln. Von dieser Ur-*Tora*rolle wurden Kopien für jeden Stamm angefertigt, die wiederum weiter kopiert wurden für jede Familie und so fort.

Wie werden Torarollen geschrieben?

Heute genau wie vor etwa 3300 Jahren, mit der Hand und Gänsefedern auf Pergamentbögen, die zu einer Rolle aneinandergenäht werden. Es gibt Regeln, die die Anzahl an Buchstaben und Zeilen pro Spalte festlegen, damit sich alle *Tora*rollen auf der Welt gleichen.
Um zu verhindern, dass der Schreiber sich verschreibt, was die *Tora* zum Gebrauch ungeeignet machen würde, wird Buchstabe für Buchstabe nacheinander kopiert.

Wer sollte die Torarollen schreiben?

Es gibt ein Gebot, dass jeder sich eine *Tora* schreiben sollte. Allerdings ist es eine sehr große Verantwortung, eine *Tora*rolle zu schreiben, deshalb übernehmen diese Aufgabe nur sehr fromme Menschen, die eine spezielle

Ausbildung dafür haben. Es handelt sich nämlich um Kalligraphie, das heißt der Schreiber muss auch künstlerisch begabt sein.

Manche Buchstaben weisen kleine Krönchen auf. Jedes dieser Krönchen hat eine besondere Bedeutung. Der *Talmud*, Traktat Menachot 29b, sagt, dass Rabbi Akiwa den Sinn jedes einzelnen Krönchens kannte. Nach ihm ist dieses Wissen jedoch verlorengegangen. Derjenige, der einen Schreiber beauftragt, wird angesehen, als ob er selbst die Rolle kopiert hätte.

Man kann heutzutage das Gebot sogar erfüllen, indem man sich gedruckte *Tora*bücher und -Kommentare für das persönliche Studium kauft. Für den Gebrauch in der Synagoge ist allerdings nach wie vor die Benutzung einer handgeschriebenen *Tora*rolle unerlässlich, und so werden sie weiterhin angefertigt.

Außerdem besteht die Möglichkeit, Geld zu spenden, um nur einen Buchstaben einer *Tora* zu kaufen. Derjenige, der einen solchen Buchstaben kauft, hat auch seine *Mizwa* erfüllt, eine *Tora* zu schreiben. Diese Tradition wurde in den achtziger Jahren von dem chassidischen Lubawitscher Rabbi aus New York, Rabbi Menachem Mendel Schneersohn, unter dem Motto „Ich besitze einen Buchstaben der *Tora*" eingeführt. Wer den Auftrag zu einer *Tora*rolle gibt, ist sehr lobenswert; er ist es in noch größerem Maße, wenn er diese *Tora* einer Synagoge stiftet.

Wie teuer ist eine Torarolle?

Der Jerusalemer *Talmud* lehrt, dass eine Torarolle allein wegen ihrer Heiligkeit unbezahlbar ist. Dennoch lässt sich der materielle Preis berechnen, wenn man bedenkt, dass die Arbeitszeit für die Anfertigung einer

Kopie ungefähr ein Jahr beträgt. Wenn man das Gehalt für den Schreiber und den Preis des Pergaments addiert, kommt man auf einen Betrag von etwa 50 000 DM oder 25 000 Euro.

Wo werden die Torarollen aufbewahrt?

Genau wie im Jerusalemer Tempel, gibt es in jeder Synagoge eine heilige Lade, in der die *Tora*rollen aufbewahrt werden. Aus Respekt für die *Tora* ist die heilige Lade schön verziert, und die Rollen selbst werden von einem „Mantel" umhüllt. Dieser Mantel dient auch als Schutz vor Staub, damit die Rollen nicht geschädigt werden. Auf diesem Mantel befinden sich Kronen und Glocken wie auch oft ein Schild und ein Zeigefinger.

Was stellen diese Gegenstände auf der Tora dar?

Generell dienen sie als Schmuck für die *Tora*rollen, aber jeder dieser Gegenstände hat eine spezifische Bedeutung. Die Kronen stellen die Majestät Gottes auf Seiner Schrift dar, und die Glocken haben, wenn die *Tora* durch die Synagoge geführt wird, die Aufgabe, die Betenden zu ermahnen: „Passt auf, hier kommt Gottes *Tora*, habt Respekt und seid voller Ehrfurcht!"
Die Schilder sind große Schmuckstücke, die einfach auf den Körper der *Tora*rolle passen. Sie sind eine vage Erinnerung an das Schild, das der Oberpriester im Tempel auf seiner Brust trug.
Der Zeigefinger wird benutzt, um den Leuten, die neben der *Tora* stehen und einen Segen gesprochen haben, zu zeigen, was der Vorleser gerade liest. Die *Tora*rollen sind so heilig, dass es nicht erlaubt ist, sie mit den menschlichen Fingern zu berühren.

Normalerweise sind all diese Schmuckstücke aus Silber angefertigt.

Warum gibt es mehrere Torarollen in der heiligen Lade, wäre eine nicht genug?

Es gibt manche Gottesdienste an denen aus zwei *Tora*rollen gelesen wird, manchmal sogar aus dreien. Daher benötigt jede Synagoge eine Mindestanzahl von drei *Tora*rollen. Wenn sich eine Gemeinde nicht mehr als eine leisten kann, dann rollt der Vorleser die eine Rolle von einer Stelle zur anderen.

Wie schon erwähnt, ist es eine große *Mizwa*, eine *Tora*rolle schreiben zu lassen und sie danach aus irgendwelchem Anlass der Synagoge zu stiften. Jedes Mal, wenn eine *Tora*rolle entweder geschenkt oder gekauft wird, findet eine feierliche Einführung statt.

Wie verläuft eine Tora-Einführung?

Die angefertigte *Tora*rolle ist bis auf die letzten zwei, drei Verse vollständig geschrieben. Von den allerletzten Versen sind bereits die Konturen der Buchstaben vorhanden, diese werden kurz vor der Einführung im Haus des Stifters von seinen Freunden, die er ehren möchte, mit Hilfe einer Gänsefeder ausgefüllt. Während die Tinte trocknet, wird dem Stifter gratuliert, und es gibt einen kleinen Imbiss mit Umtrunk.

Dann beginnt die feierliche Prozession vom Haus des Stifters in die Synagoge. Die *Tora* unter einem Baldachin wird der Reihe nach von den Teilnehmern getragen. Kinder mit Fackeln gehen der Prozession voraus, und alle Begleiter singen, tanzen und freuen sich über die *Tora*.

24

Aus der Synagoge kommen dem Zug andere Gläubige mit den *Tora*rollen der Gemeinde entgegen, und es wird gemeinsam gesungen und getanzt, um die Einführung noch feierlicher zu gestalten.

In der Synagoge selbst wird weiter getanzt und gesungen, außerdem gibt es eine besondere Liturgie, bis alle *Tora*rollen zurück in die heilige Lade gestellt werden.

Der Zeremonie folgt eine *Seudat Mizwa*, bei der einige Rabbiner und Gelehrte eine festliche Ansprache halten.

Wann wird das erste Mal aus der neu eingeführten Tora gelesen?

Das allererste Mal wird bei der Einführung selbst das letzte Kapitel der *Tora* gelesen und danach an den vier folgenden *Schabbatot*. Nach dieser Zeit bestimmen die Verwalter der Synagoge, wann welche *Tora* ausgehoben wird.

Die Etappen des Lebens

Die Brit-Mila oder die Beschneidung

Warum müssen die Jungen beschnitten werden?

Die *Tora*, Genesis 17,10ff., verlangt, die Jungen am achten Tag zu beschneiden. Für einen Juden stellt die *Brit-Mila* seinen ewigen Bund mit Gott dar (Bündnis der Beschneidung). Durch diese Handlung wurde Awram mit 99 Jahren zu Awraham, dem „Vater des Volkes", und Gott versprach ihm und seinen Nachfahren das Land Kanaan. Awraham vollzog die *Brit-Mila* an seinem Sohn Jizchak als dieser acht Tage alt war.

Gott sagte zu Awraham: „Dies ist Mein Bund zwischen Mir und dir und deiner Nachkommenschaft. Alle Männer müssen beschnitten werden … So wird Mein Bund in eurem Fleisch ein ewiger Bund sein."

Hat der Bund auch heute noch diese Bedeutung?

Das Ritual der *Brit-Mila* wurde im Laufe der Geschichte vom jüdischen Volk immer eingehalten, trotz Auswanderung und Verfolgung.

Die *Brit-Mila* ist ein Teil des Prozesses bei einem Übertritt zum Judentum, so dass der Konvertierte auch in den Bund mit Gott aufgenommen wird. Er hat dann genauso am Bündnis teil wie jemand, der als Jude geboren wurde.

Die Tatsache, nicht beschnitten zu sein, stellt eine der großen Sünde dar, die Gott nicht verzeiht, es sei denn, man hat dafür gebüßt. In diesem Fall ist die Buße durch das Nachholen der Beschneidung erfüllt. Die rabbinischen Schriften sagen, dass Awraham ständig neben dem Tor zur Hölle steht, um zu verhindern, dass Beschnittene hineinkommen. Sobald er das Zeichen des Bundes sieht, schickt er die Seele des Verstorbenen ins Paradies, selbst wenn dieser ein großer Sünder war.

Warum muss die Brit-Mila am achten Tag stattfinden?

Wie schon erwähnt, schreibt dies die *Tora* vor, und die Gebote der *Tora* sollen nicht in Frage gestellt werden. Wenn die *Brit-Mila* vor dem achten Tag vollzogen wird, ist sie nicht gültig.

Der jüdische Wochenzyklus enthält sechs Wochentage und den heiligen siebten Tag, *Schabbat*. Der achte Tag stellt etwas Höheres als den gewöhnlichen Wochenzyklus dar. Darüber hinaus erlebt das Kind einen *Schabbat* (also ein anderes Bündnis mit Gott) vor seiner Beschneidung und wird so auf die heiligste Handlung, die *Brit-Mila*, vorbereitet.

Außerdem ist erwiesen, dass der achte Tag auch aus medizinischer Sicht der ideale Moment ist. Davor würde das Leben des Kindes gefährdet, aber ab dem achten Tag ist sein Blutgerinnungsfaktor so hoch, dass die Operation keine Gefahr mehr darstellt. Andererseits sollte die *Brit-Mila* auch nicht nach dem achten Tag stattfinden, denn danach ist das Nervensystem weiter entwickelt, so dass die Beschneidung zu schmerzhaft wäre. Falls die *Brit-Mila* aus einem bestimmten Grund verschoben wird, muss sie dennoch so bald wie möglich stattfinden, unabhängig davon, dass es schmerzhafter als am achten Tag sein wird.

Was kann die Brit-Mila am achten Tag verhindern?

Wenn das Kind an einer Gelbsucht oder einer anderen Krankheit leidet, oder wenn es am achten Tag noch nicht drei Kilo wiegt, sollte die Beschneidung verschoben werden. Sobald das Kind wieder gesund ist oder drei Kilo wiegt, muss die *Brit-Mila* dann stattfinden.

Falls das Kind nicht beschnitten wurde, weil die Umstände es nicht zuließen, muss es dennoch so bald wie möglich beschnitten werden.

Der Vater des Kindes ist dafür zuständig, dass die *Brit-Mila* durchgeführt wird. Falls der Vater dieser Verpflichtung nicht nachkommt, muss der *Beth-Din*, bzw. der Rabbiner oder die Gemeinde, in der das Kind lebt, seine Rolle übernehmen. Wenn der Junge, der laut jüdischem Gesetz mit 13 Jahren volljährig ist, zu diesem Zeitpunkt noch nicht beschnitten ist, ist er selbst dafür zuständig, sich sobald wie möglich beschneiden zu lassen.

Wenn ein Kind am Schabbat geboren wird, kann es am darauffolgenden Schabbat beschnitten werden?

Wenn es kein medizinisches Argument dagegen gibt, auf jeden Fall. Man sollte darauf achten, wann genau das Kind geboren wurde, ob es am Freitag vor *Schabbat*einbruch oder nach *Schabbat*einbruch geboren wurde. Ebenso, ob es am Samstag vor oder nach dem Ausgang des *Schabbat* geboren wurde. Falls es genau während *Schabbat* geboren wurde, findet die *Brit-Mila* am nächsten *Schabbat* statt.

Falls die *Brit-Mila* aus irgendeinem Grund verschoben wurde, und der nächste Termin ein *Schabbat* wäre, darf man das Kind nicht am *Schabbat* beschneiden, sondern sollte es am darauffolgenden Sonntag tun.

Weshalb sollte man die Brit-Mila in diesem Fall nicht am Schabbat vollziehen?

Während der *Brit-Mila* schneidet man die Vorhaut. Es ist aber verboten, am *Schabbat* zu schneiden, abgesehen von Lebensmitteln, die man zu sich nimmt. Falls der *Schabbat* der achte Tag nach der Geburt ist, dann hat das Einhalten dieser *Mizwa*, dieses Bundes mit Gott, einen höheren Stellenwert als das Einhalten des *Schabbat*. Aber nur in diesem Fall.

Zu welcher Tageszeit wird die Brit-Mila durchgeführt?

Theoretisch kann die *Brit-Mila* den ganzen Tag über vollzogen werden, von Sonnenaufgang bis Sonnenuntergang. Aber es ist am Besten, die Beschneidung am Morgen zu machen. Sie findet entweder in der Synagoge oder zu Hause statt.

Von wem muss die Brit-Mila durchgeführt werden?

Normalerweise muss der Vater seinen Sohn beschneiden. Aber da die Beschneidung eine bestimmte Technik und gewisse medizinische Vorsichtsmaßnahmen erfordert, beauftragt der Vater in der Regel einen erfahrenen Beschneider, einen *Mohel*, um dies an seiner Stelle durchzuführen. Falls der Vater selbst ein *Mohel* ist, ist es klar, dass er selbst seine Sohn beschneiden sollte.

Wie wird die Beschneidung technisch durchgeführt?

Die *Brit-Mila* setzt sich aus drei Handlungen zusammen: *Mila*, *Prija* und *Meziza*. Zuerst misst der *Mohel* die Vorhaut und klemmt sie mit einer speziellen Zange ab, die auf hebräisch *Magen* heißt. Danach schneidet er die Vorhaut mit einem speziellen Messer ab. Das ist die *Mila*. Dann zerreißt er die Schleimhaut, die er auf das Glied zurückschiebt. Das ist die *Prija*. Daraufhin leckt der *Mohel* das Blut um die Wunde, um alle Spuren von Blut zu beseitigen. Das ist die *Meziza*.

Schließlich wird das Kind verbunden, damit die Wunde verheilt. Wenn der *Mohel* aber nicht alle drei Handlungen vollzogen hat, hat die *Brit-Mila* keine Gültigkeit.

Heutzutage erkennen viele Ärzte die Vorteile der Beschneidung an, und auch viele nicht-jüdische Familien lassen ihre Söhne beschneiden.

Was sind die medizinischen Vorteile der rituellen Beschneidung?

Bei der *Brit-Mila* handelt es sich nicht um eine medizinische Handlung, sondern es ist die Annahme des Bundes mit Gott, die dadurch besiegelt wird. Selbstverständlich verlangt Gott nichts von uns, was vom medizinischen Standpunkt aus schädlich wäre, darüber hinaus wurde wissenschaftlich bewiesen, dass das eventuelle Phimoseproblem nicht auftritt und dass die Beschneidung der Vorhaut die Intimhygiene vereinfacht, dadurch verringert sich das Krankheitsrisiko. Außerdem wurde bewiesen, dass die Gefahr für Gebärmutterkrebs bei Frauen, die Geschlechtsverkehr mit einem beschnittenen Mann haben, sehr viel geringer ist.

Gibt es ein bestimmtes Ritual bei der Brit-Mila?

Das Kind wird von seinen Paten (*Sandak*) in das Zimmer gebracht und auf einen dafür speziell vorgesehenen Stuhl gelegt, der „der Stuhl des Propheten Elias" genannt wird. Vor der Beschneidung sprechen der *Mohel* und der Vater des Kindes die Segenssprüche für den Anlass.

Nach der *Brit-Mila* spricht der *Mohel* einen Segen über den Wein und führt das Kind in die jüdische Gemeinschaft ein. Bei dieser Gelegenheit erhält das Kind seinen jüdischen Namen.

Nach der Beschneidung veranstaltet die Familie des Kindes gewöhnlich ein Festessen für Verwandte und Freunde. Dieses Festessen heißt auf hebräisch *Seudat Mizwa* und ist der Anlass für eine Feier und eine Ansprache des Rabbiners.

Warum heißt der Stuhl, auf dem das Kind beschnitten wird, „Stuhl des Propheten Elias"?

Der Prophet Elias wird auch „Engel des Bundes" genannt. Der *Midrasch* überliefert, dass der Prophet sich bei Gott über die Kinder Israels beklagte (siehe 1. Könige 19, 10-14). Er beschuldigte das jüdische Volk, den Bund mit Gott vernachlässigt und das Gebot der Beschneidung nicht eingehalten zu haben. Gott tröstete Elias und sagte, dass das jüdische Volk dennoch den Bund mit Ihm einhalte und dies auch in Zukunft immer tun werde. Gott trug ihm auf, bei jeder Beschneidung anwesend zu sein, um sich davon zu überzeugen.

Um den Propheten würdig zu empfangen, wird ihm ein Stuhl bereitgestellt, der normalerweise reich verziert ist.

Was passiert, wenn der Junge schon vorher aus medizinischen Gründen beschnitten wurde?

Eine medizinische Beschneidung kann auf keinen Fall als eine *Brit-Mila* angesehen werden. Es gibt aber ein bestimmtes Ritual für diejenigen, die eine *Brit-Mila* an sich durchführen lassen, und vorher bereits medizinisch beschnitten wurden. Der *Mohel* macht neben der Narbe einen kleinen Riss in die Haut des Gliedes, damit ein Tropfen Blut vergossen wird. Dann spricht er den für diesen Anlass vorgesehenen Segen und gibt dem Jungen seinen jüdischen Namen.

Haben Mädchen und Frauen keinen Anteil am Bündnis mit Gott aufgrund der Tatsache, dass sie nicht beschnitten werden?

Durch ihre jüdische Namensgebung werden die Mädchen in die jüdische Gemeinschaft sowie in den Bund mit Gott eingeführt. Aber schon von Geburt an werden Mädchen die Privilegien des Bundes zuteil.
Frauen halten das Bündnis mit Gott ein, indem sie ihr Leben lang die Gebote der Familienreinheit (siehe Kapitel über *Mikwe* und *Kaschrut*) erfüllen. Diese Gebote stellen die geistigen Pfeiler der jüdischen Familie dar und garantieren dem gesamten Haushalt Gesundheit und Glück.

Auf welche Weise erhält ein Mädchen seinen jüdischen Namen?

Die Namensgebung der Mädchen findet an einem Tag, an dem aus der *Tora* gelesen wird, in der Synagoge vor einer *Tora*rolle statt. Der Vater wird während des Gottesdienstes zur *Tora* aufgerufen. Der Rabbiner spricht einen Segen für die schnelle Genesung der Mutter, einen Segen für das Mädchen und verkündigt nach der Anweisung des Vaters den hebräischen Namen des Mädchens. Diese Zeremonie heißt auf Hebräisch *Sewed Habat*.

Es ist Brauch, wie nach einer *Brit-Mila* eine *Seudat-Mizwa* für Verwandte und Freunde zu veranstalten.

Wie wichtig ist die Bedeutung der jüdischen Namen?

Wenn man seinen Kindern ihren Namen gibt, versucht man, ihnen den Namen eines verstorbenen Vorfahren, der würdig und fromm war, zu geben. Dahinter steckt die Hoffnung, dass das Kind die Frömmigkeit seiner Vorfahren erbt, dass also ein gutes Omen mit diesem Namen verbunden ist. Manche geben mit demselben Ziel die Namen von verstorbenen heiligen Rabbinern oder deren Ehefrauen. Wieder andere vergeben den Namen einer biblischen Gestalt, die im wöchentlichen Abschnitt der *Tora*lesung, vorkommt. Allerdings ist es auch erlaubt, künstlich einen Vornamen zu bilden.

Welche Bedeutung haben jüdische Namen?

Die Bedeutungen der meisten biblischen Namen werden schon in den heiligen Schriften oder im *Midrasch* erläutert. Beispielsweise heißt *Bezalel* „in Gottes Schatten", Bezalel war der göttlich inspirierte Goldschmiedemeister, der die Gegenstände des Heiligtums angefertigt hat. Daher heißt die Goldschmiede-Akademie in Israel noch heute *Bezalel*.

Einige Eltern freuen sich dermaßen über die Geburt eines Kindes, dass sie erklären, dieses Kind verleihe ihrem Leben neues Licht. Deshalb wird häufig einer der drei Vornamen *Orly, Lior* oder *Liora* gegeben, der „Licht für mich" oder „Du bist mein Licht" bedeutet.

Pidjon Haben, die Auslösung des Erstgeborenen

Was ist das Pidjon Haben?

Das *Pidjon Haben*, also die Auslösung des erstgeborenen Sohnes ist eine religiöse Zeremonie, die in der *Tora* begründet ist. Als Gott Ägypten mit der zehnten Plage bestrafte und die Erstgeborenen der Ägypter tötete, erklärte Er, dass die jüdischen Erstgeborenen Ihm gehörten. Durch diese *Mizwa* lernt der Mensch, Gott seine ersten Leistungen und Erzeugnisse zu widmen. Trotz der Tatsache, dass man die Erstlinge der Früchte oder einen erstgeborenen Sohn sehnsüchtig erwartet hat, und es in der menschlichen Natur liegt, sie für sich behalten zu wollen, will die *Tora*, dass wir einsehen, dass es sich um ein Geschenk Gottes handelt. Daher sollte es Seinen Diensten gewidmet werden. Aus diesem Grund muss man seinen erstgeborenen Sohn auslösen.

Was versteht man unter dem erstgeborenen Sohn?

Wenn das erste Kind einer jüdischen Frau ein Junge ist, handelt es sich um ihren erstgeborenen Sohn. Wenn sie zuerst ein Mädchen bekommt und danach einen Sohn, so muss dieser nicht ausgelöst werden.
Es gibt auch einige Ausnahmefälle, in denen der erstgeborene Sohn nicht ausgelöst werden muss: Wenn entweder der Vater oder die Mutter Kinder von *Koha-*

nim oder *Leviim*[7] sind, oder wenn das Kind durch Kaiserschnitt auf die Welt gekommen ist.

Warum muss der Erstgeborene nicht ausgelöst werden, wenn die Eltern Kinder von Kohen oder Levi sind?

Die *Kohanim* und *Leviim* hatten kein Land in Israel und dienten im Tempel. Sie wurden automatisch Gott gewidmet, und so wird es auch heutzutage fortgeführt. Daher hat es keinen Sinn, ihre erstgeborenen Nachkommen auszulösen.

Warum wird das Pidjon Haben nicht durchgeführt, wenn es sich um eine Kaiserschnittgeburt handelt?

Die *Tora* schreibt uns vor, dass das Kind die Frucht der Eingeweide der Mutter sein muss und die Geburt auf natürliche Weise stattfinden muss. Bei einem Kaiserschnitt trifft dies nicht zu, also kann das Kind nicht ausgelöst werden.

Wie verläuft ein Pidjon Haben?

Wenn das erste männliche Kind einen Monat alt ist, also an seinem 31. Lebenstag, muss sein Vater es bei einem *Kohen* seiner Gemeinde für den Wert von fünf Silbermünzen auslösen. Die Auslösung wird, ebenso wie eine Hochzeit oder eine Beschneidung, mit einem feierlichem Essen begangen. Die Zeremonie beginnt, sobald die Gäste sich hinsetzen und den Segen über das Brot gesprochen haben. Dann wird der Junge in

---

[7] Die Begriffe *Kohen* und *Levi* werden im Kapitel „Verschiedenes" ausführlich erläutert, ihre Pluralformen sind *Kohanim* und *Leviim*. Siehe auch im Glossar.

das Zimmer gebracht und neben den Vater und den *Kohen* gelegt. Um seine Liebe und die Bedeutung zu zeigen, die man dieser *Mizwa* beimisst, pflegt man das Kind auf ein silbernes Tablett zu legen und es mit Schmuck, Gold und Silber zu bedecken.

Dann fängt der Dialog zwischen dem Vater und dem *Kohen* an, in dem der Vater sagt: „Dies ist mein erstgeborener Sohn ... und die *Tora* hat mir aufgetragen, ihn auszulösen." Der *Kohen* fragt den Vater, was er vorziehe, sich von seinem Sohn zu trennen oder ihn für fünf Silbermünzen auszulösen. Der Vater verkündet seine Absicht, seinen Sohn auszulösen und sagt die üblichen Segenssprüche, während er das Auslösungsgeld in der Hand hält. Der *Kohen* nimmt das Geld und seine Hand kreist damit über dem Kopf des Kindes. Dabei erklärt er, dass es durch diese Handlung ausgelöst sei und wünscht, dass das Kind ebenso in die *Tora*, in die Hochzeit und in gute Taten eingeführt wird.

Der *Kohen* legt seine rechte Hand auf den Kopf des Kindes und segnet es mit dem aronitischen Segen. Dann reicht er es seinem Vater. Schließlich nimmt er einen Becher mit Wein und spricht den üblichen Segen. Die Festmahlzeit wird dann fortgeführt und mit dem Tischgebet beendet.

Hat der erstgeborene Sohn nach seiner Auslösung irgendwelche Vorteile oder Verpflichtungen?

Eigentlich nicht, außer einer einzigen Verpflichtung: Er muss nämlich als Einziger am Tag vor *Pessach* in Erinnerung an die Erstgeborenen Ägyptens fasten. Diese wurden in jener Nacht getötet, in der Israel von Gott ausgelöst und gerettet wurde.

Da dieser Vortag von *Pessach* relativ anstrengend ist, haben unsere Rabbiner beschlossen, dass dieses Fasten ersetzt werden kann, indem der Junge einer abschließenden Lehre eines *Talmud*traktates beiwohnt. Um diese Lehre zu würdigen, veranstaltet man eine Festmahlzeit (*Seudat Mizwa*), an der er teilnehmen darf. Diese Lehre und die Mahlzeit finden sofort nach dem Morgengottesdienst in der Synagoge statt.

Was passiert, wenn der Vater seinen Jungen nicht ausgelöst hat?

Falls der Vater seiner Pflicht nicht nachgekommen ist, muss das Rabbinat das Kind auslösen. Wenn es keinen Rabbiner gibt, und wenn der Junge schon über diese *Mizwa* unterrichtet wurde, muss er sich selbst bei einem *Kohen* auslösen. Die Zeremonie ist dann dieselbe wie bei einem 31 Tage alten Säugling, außer der Tatsache, dass er selbst den Dialog mit dem *Kohen* führt.

Bar-Mizwa und Bat-Mizwa

Was bedeutet die Bar-Mizwa?

Die *Bar-Mizwa* ist eine Zeremonie, die zum Anlass des 13. Geburtstages eines Jungen in der Synagoge stattfindet. Heutzutage ist es sicherlich einer der am weitesten verbreiteten Bräuche in allen jüdischen Gemeinden der Welt. Die Bedeutung der Worte *Bar-Mizwa* ist „Sohn der *Mizwa*". Das bedeutet, dass der Junge ab seinem 13. Lebensjahr für seine Handlungen verantwortlich ist. Außerdem ist er von diesem Zeitpunkt an verpflichtet, die verschiedenen *Mizwot* der *Tora* einzuhalten. An diesem Tag erreicht der Junge die religiöse Volljährigkeit und darf in einem *Minjan* (Quorum von 10 Männern, das für einen Gottesdienst notwendig ist) mitgezählt werden.

Eine der ersten *Mizwot*, die er erfüllen muss, ist das Anlegen der *Tefillin* (Gebetsriemen).

Wie verläuft die religiöse Zeremonie?

Am ersten Tag nach dem 13. Geburtstag, an dem in der Synagoge aus der *Tora* gelesen wird, wird der Junge aufgerufen, um einen Segen über die *Tora* zu sprechen, eventuell sogar einen Abschnitt aus der *Tora* vorzulesen. Das ist eigentlich schon alles.

Dennoch wurde es immer als eine Bereicherung für den Gottesdienst, die Synagoge und den *Bar-Mizwa*-Jungen angesehen, wenn er schön und laut den Abschnitt der *Tora* vorsingt. Es wurde eingeführt, dass die Zeremonie am *Schabbat* nach seinem Geburtstag stattfindet. Dann wird er als Letzter aufgerufen, damit er die *Haftara*, eine Lesung aus den Büchern der Propheten, vortragen kann. Außerdem ist es üblich, dass der *Bar-Mizwa*-Junge eine Ansprache hält, entweder in der Synagoge oder während der *Seudat Mizwa*, die auf die religiöse Zeremonie folgt. Darüber hinaus hält der Rabbiner auch eine Predigt in der Synagoge.

Was bedeutet es dann in der Praxis, Bar-Mizwa zu sein?

Man feiert nicht oder macht nicht eine *Bar-Mizwa*, sondern man wird *Bar-Mizwa* (daher auch „Sohn der *Mizwa*"). Wie schon erwähnt, ist man ab diesem Tag für seine Handlungen verantwortlich. Das heißt, dass man für seine guten Taten und das Erfüllen der *Mizwot* von Gott belohnt, aber auch für seine Sünden bestraft wird. Bis zur *Bar-Mizwa* trugen die Eltern die Verantwortung für die Sünden ihrer Kinder, nach dem 13. Geburtstag werden die Eltern von dieser Last befreit. Der Vater spricht sogar vor der *Tora* den Segen: „Gesegnet sei Gott, Der mich von den Sünden meines Sohnes befreit."

So muss der Junge ab diesem Zeitpunkt alle Fastentage einhalten, die *Tefillin* anlegen und alle anderen Gebote und Verbote der *Tora* einhalten.

Warum wird der Junge mit 13 Jahren Bar-Mizwa?

Der Sachverhalt, dass ein Junge mit 13 Jahren als in religiöser Hinsicht volljährig angesehen wird, ist bereits in den Sprüchen der Väter, den Pirke Awot, von einem Rabbiner, der zur Zeit der *Mischna* lebte, festgelegt worden. Jehuda ben Tema pflegte zu sagen: „Mit fünf sollte ein Junge anfangen, die *Tora* zu lernen, mit zehn die *Mischna*, mit 13 die Gebote, …" Das heißt, dass ein Junge mit 13 Jahren die Gebote erfüllen muss. Der *Midrasch* vermittelt, dass Awraham 13 war, als er die Götzen seines Vaters zerstörte, Gott als einzigen Gott anerkannte und Seine Gebote erfüllte. Weiterhin erzählt der *Midrasch*, dass Jaakow und Esau ebenfalls 13 Jahre alt waren, als sie getrennte Wege einschlugen.

Gibt es für Mädchen eine ähnliche Einführung in die religiöse Volljährigkeit?

Mädchen werden mit zwölf volljährig. Das bedeutet, dass sie auch ab diesem Zeitpunkt für ihre Handlungen selbst verantwortlich sind. Sie werden dann als *Bat-*

Mizwa (Tochter der *Mizwa*) bezeichnet. Zu diesem Anlass wird keine religiöse Zeremonie in der Synagoge veranstaltet. Die Eltern haben aber die Möglichkeit, zu Hause eine Feier zu veranstalten, um diesen besonderen Geburtstag zu würdigen.

Dennoch wurde in den letzten Jahren auch in orthodoxen Kreisen eine Zeremonie für Mädchen eingeführt, die ebenfalls in der Synagoge stattfindet. Diese Zeremonie verläuft getrennt vom Gottesdienst, sie kann entweder am *Schabbat* nach dem Gottesdienst stattfinden oder an einem Sonntagvormittag.

Wie wird diese Zeremonie abgehalten?

Der Ablauf der Zeremonie ist jedem Rabbiner selbst überlassen. Die Feier wird entweder individuell für ein Mädchen oder für mehrere gleichzeitig veranstaltet. Das Prinzip ist in beiden Fällen dasselbe. Der Vorbeter singt einen Lobpsalm, daraufhin spricht das Mädchen (beziehungsweise alle Mädchen) einen Psalm, der vom Rabbiner ausgesucht wird und das Kapitel 31 der Sprüche Salomos, welches die tugendhafte Frau verherrlicht. Dann hält der Rabbiner eine Predigt, in der er dem Mädchen seine Pflichten als junge Volljährige erläutert. Danach hält auch die Tochter eine Ansprache, in der sie sich verpflichtet, die *Mizwot* der *Tora* zu erfüllen und ihren Eltern für ihre Liebe und ihre religiöse Erziehung dankt. Schließlich spricht der Vater den aronitischen Segen über seine Tochter.

Um den Gottesdienst zu beenden, singen alle Anwesenden eine Schlusshymne.

Hochzeit

Inwiefern unterscheidet sich eine jüdische von einer standesamtlichen Hochzeit?

In der jüdischen Tradition zählt ausschließlich die religiöse Hochzeit. Dennoch ist es in den Ländern, in denen die gesetzgebende Gewalt von der religiösen Autorität getrennt ist, üblich und erforderlich, zuerst standesamtlich zu heiraten und danach eine religiöse Trauung zu feiern. Genauso verhält es sich auch mit der Scheidung.

In Israel und in den USA ist die religiöse Hochzeit auch vor dem Gesetz gültig und wird automatisch standesamtlich eingetragen.

Die religiöse Trauung kann entweder in einer Synagoge, in einem Festsaal oder sogar in einem Garten stattfinden. Wichtig ist, dass die Zeremonie in der Gegenwart eines Rabbiners abgehalten wird.

Welche Rolle spielt der Rabbiner bei einer religiösen Trauung?

Der Rabbiner führt zuerst ein Gespräch mit den zukünftigen Eheleuten, er prüft sowohl die Heiratsurkunden ihrer beider Eltern, als auch die eventuellen Umstände, die einer Eheschließung im Wege stehen könnten. Außerdem schlägt der Rabbiner einen Termin für die Hochzeit vor.

Was kann eine Eheschließung verhindern?

Wenn einer der Partner zum Beispiel lediglich vor dem Gesetz geschieden wurde, aber nicht vor einer religiösen Instanz, kann der Rabbiner das Paar nicht trauen, da dieser Partner dann in Bigamie leben würde. Falls der Bräutigam ein *Kohen* ist, darf er keine bereits geschiedene oder zum Judentum übergetretene Frau heiraten.

Ein *Mamser* kann ebenfalls nicht in die jüdische Gemeinschaft heiraten.

Was ist ein Mamser?

Ein *Mamser* ist ein außerehelich empfangenes Kind einer verheirateten Frau.

Ist Polygamie bzw. Bigamie erlaubt?

Die Polygamie war früher im Judentum gestattet, allerdings unter der Voraussetzung, dass es nicht mehr als vier Frauen waren und dass der Mann fähig war, für deren Unterhalt zu sorgen. In der Bibel (Genesis, 29,18-30) finden wir die Geschichte von Jaakow und seinen zwei Ehefrauen und zwei Nebenfrauen. König Salomo war dafür bekannt, dass er als König tausend Frauen hatte. Die Könige Israels beanspruchten nämlich das Sonderrecht, mehr als vier Frauen heiraten zu dürfen.

Die Polygamie bzw. die Bigamie wurde durch Rabbi Gerschom ben Jehuda von Mainz in einem seiner berühmten Beschlüsse abgeschafft.

Im Allgemeinen haben die großen Beschlüsse der Rabbinen eine Gültigkeit von vierhundert Jahren, dieser wurde schon zweimal automatisch verlängert und ist weltweit akzeptiert. Es ist bemerkenswert, dass das Judentum vor allen anderen Religionen und Kulturen die Monogamie eingeführt hat.

Warum schlägt der Rabbiner den Heiratstermin vor?

Im Laufe des Jahres gibt es mehrere historisch bedingte Trauerperioden, während derer nicht geheiratet werden darf. Auch sollte an Feiertagen, am *Schabbat* und an Fastentagen keine Hochzeit stattfinden. Außerdem ist es wichtig, die Trauung so zu planen, dass sie auf die Menstruation der Braut folgt.

Wie verläuft eine jüdische Hochzeit?

Die Zeremonie besteht aus zwei Teilen, den *Erussin* (Vereinigung) und den *Nissuin* (die eigentliche Hochzeit).

Die *Erussin* bestehen darin, dass der Bräutigam der Braut einen Ring an den Finger steckt. Dabei spricht er die Worte *„Hare at mekudeschet li betabaat su kedat Mosche we-Israel."* („Nun bist du mir mit diesem Ring angeheiligt nach dem Gesetz von Mosche und Israel.") Es scheint, dass das Wort „heiraten" von der Kontraktion des hebräischen *Hare at* abstammt. Die Ringübergabe muss unbedingt vor zwei Zeugen geschehen. Es gibt in der jüdischen Tradition keinen Austausch von Eheringen.

Dann spricht der Rabbiner einen Segen.

Die *Erussin* sind mit einer Verlobung vergleichbar. Früher fanden die beiden Teile der Trauung getrennt statt. In einigen Familien wird heutzutage zusätzlich eine Verlobung gefeiert, die auf Jiddisch *Wort* genannt wird. Die *Erussin* werden aber auch in diesem Fall zelebriert.

Die *Nissuin* stellen die eigentliche Eheschließung dar.

Der Bräutigam empfängt die Braut in seinem neuen Haus, welches während der Hochzeitszeremonie durch einen Baldachin (*Chuppa*[8]) symbolisiert wird.

Häufig stehen die Braut und der Bräutigam unter einem *Tallit,* der das neue Heim der Eheleute darstellt. Dieser Brauch ist aber abhängig von den heimatlichen Traditionen.

Danach liest der Rabbiner den Ehevertrag (*Ketuba*) vor und spricht die sieben Segenssprüche. Der Erste dieser Segen wird über den Wein, der ein Symbol der Freude ist, gesprochen.

Am Ende der Zeremonie zertritt der Bräutigam ein Glas, um an die Zerstörung des Tempels zu Jerusalem zu erinnern.

Anschließend begibt sich das junge Paar in ein Zimmer, um dort in Abgeschiedenheit eine Erfrischung einzunehmen.

Auf die Trauung folgt eine Festmahlzeit (*Seudat Mizwa*).

Warum soll das Zerbrechen eines Glases an die Zerstörung des Jerusalemer Tempels erinnern?

Man sollte sich jeden Tag an die Zerstörung des Tempels zu Jerusalem erinnern, besonders zu fröhlichen Anlässen. Daher wird während der Hochzeitsfeier ein Glas zerbrochen, um auf diese Weise unsere Freude zu verringern. Denn solange der Tempel nicht wieder errichtet ist, dürfen Juden keine uneingeschränkte Freude empfinden. Außerdem symbolisiert das Glas die Zerbrechlichkeit der Ehe.

---

[8] Daher stammt auch der Begriff *Chuppa*, der für die gesamte Hochzeit steht.

Was für ein Ring soll es sein?

Theoretisch kann jeder beliebige Gegenstand im Werte eines *Peruta* (Kupfermünze aus der Zeit des *Talmud*) für die *Erussin* verwendet werden. Es ist aber Brauch, einen schlichten Goldring zu nehmen, der weder mit Steinen noch mit Gravierungen verziert ist.

Was steht in der Ketuba (Ehevertrag)?

Die *Ketuba* ist eine auf Aramäisch geschriebene Urkunde, die von zwei Zeugen unterschrieben wird. Sie beinhaltet die Verpflichtungen des Ehemanns gegenüber seiner Ehefrau während der Ehe und über eine mögliche Scheidung hinaus. Es handelt sich um einen rechtlichen Vertrag, der von der Frau oder von ihren Eltern sorgfältig aufbewahrt werden sollte. Falls die *Ketuba* aus unerfindlichen Gründen verloren gehen sollte, muss auf jeden Fall eine neue geschrieben werden.

Warum ist die Ketuba so wichtig?

Die jüdische Religion war die erste, die auch die Rechte der Frauen wahrnahm. Die *Ketuba* ist eine ausdrückliche Erklärung der Frauenrechte. Das Judentum lehnt den Begriff der Frau als Objekt oder Dienerin kategorisch ab. Die uralte Einrichtung der *Ketuba* veranschaulicht gut den zukunftsgewandten und universellen Charakter des Judentums.

Was ist eigentlich der Zweck der Hochzeit?

Die Hochzeit dient dazu, das Zusammenleben von zwei Personen unterschiedlichen Geschlechts vor Gott und vor den Menschen zu besiegeln bzw. zu heiligen. Auf diese Weise kann sich die neu gegründete Familie ehrenvoll entwickeln und Kinder zur Welt bringen. Gott befahl den Menschen, fruchtbar zu sein, sich zu vermehren und sich auf der Erde auszubreiten.

Sind Verhütungsmittel erlaubt?

Verhütungsmittel sind verboten. Manche Rabbinen lehren, dass jede Familie mindestens zwei Kinder haben sollte, während andere die Ansicht vertreten, jede Familie sollte wenigstens einen Jungen und ein Mädchen haben. Erst nachdem eine Familie mit mindestens zwei Kindern gegründet wurde, gestatten einige Rabbiner unter bestimmten Bedingungen, wie gesundheitliche Gefährdung der Mutter durch eine erneute Schwangerschaft oder dringende wirtschaftliche und soziale Gründe, die Verwendung von Verhütungsmitteln.

Ist eine Abtreibung genehmigt?

Die Abtreibung ist grundsätzlich verboten, sogar in extremen Grenzfällen, wie eine Schwangerschaft in Folge einer Vergewaltigung, oder wenn der Ultraschall eine starke Missbildung des Kindes anzeigt. Die einzige Ausnahme besteht, wenn es um die Wahl zwischen dem Leben der Mutter und dem des Kindes geht.

Wie steht die Tora zur Onanie?

Onanie ist ganz und gar verboten, und zwar ohne Ausnahme. Aus diesem Grund lesen wir in der *Tora* (Genesis, 38,10) dass Onan, Sohn der Tamar, von Gott mit dem Tod bestraft wurde. Das Wort „Onanie" geht übrigens auf jenen Onan zurück.

...und zur Homosexualität?

Homosexualität ist in der *Tora* ebenfalls vollständig untersagt. Es steht außer Frage, Homosexualität dadurch zu entschuldigen, dass sie – wie bis vor kurzem behauptet wurde – eine Krankheit sei. Es darf nicht vergessen werden, dass Gott die Menschen dazu bestimmt hat, sich zu vermehren.

Scheidung

Kann ein Mann seine Frau verstoßen?

Nein, natürlich nicht. Es kann Umstände geben, unter denen ein Mann die Scheidung verlangen kann, aber er muss seine Verpflichtungen, die in der *Ketuba* niedergeschrieben sind, einhalten.

Wie verläuft eine Scheidung?

Zunächst findet die standesamtliche Scheidung statt. Im Anschluss daran geht das Ehepaar zu seinem Rabbiner, um die religiöse Scheidung in die Wege zu leiten. Der örtliche Rabbiner muss zuerst versuchen, einen freundschaftlichen Ausgleich zu erreichen. Wenn dies nicht möglich ist, muss der Rabbiner einen *Beth-Din* einberufen, der die religiöse Scheidung, den *Get*, vollzieht. Es ist selbstverständlich, dass beide Parteien einverstanden sein müssen, um sich scheiden zu lassen. Der *Beth-Din* kann sogar den Unterhaltsanspruch der Frau, der gerichtlich festgelegt wurde, verändern.

Die Urkunde, welche die religiöse Scheidung belegt, wird von einem Schreiber (*Sofer*) mit der Hand und auf einem speziellen Papier nach bestimmten Vorschriften verfasst. Die Zeugen müssen darauf unterschreiben. Dann wird diese handgeschriebene Urkunde mit einem Messer zerschnitten. Der Mann überreicht der Frau die zerschnittene Urkunde. Danach erhält der *Beth-Din* die Fragmente. Mit dieser Übergabe ist die Scheidung vollzogen. Der *Beth-din* schreibt die Angaben der Scheidungsurkunde nochmals mit der Hand auf einen einfachen Zettel und händigt den Geschiedenen zwei Kopien aus. Dieser Schritt kann heutzutage auch mit der Schreibmaschine oder dem Computer erfolgen.

Warum muss die Urkunde zerschnitten werden?

Diese Tradition geht auf die Zeit des römischen Kaisers Hadrian zurück. Zu dieser Zeit war es den Juden in Israel verboten, amtliche Handlungen vorzunehmen. Um sich vor den römischen Behörden zu schützen, aber dennoch gemäß den jüdischen Traditionen zu leben, erfand man folgende Methode: Man vollzog den *Get* und schrieb die Urkunde, zerstörte diese aber sogleich wieder. Damit die Geschiedenen dennoch eine Bescheinigung erhielten, wurde die Kopie auf einfachem Papier angefertigt.

Kann eine geschiedene Person wieder heiraten?

Ja. Geschiedene Männer und Frauen dürfen wieder heiraten. Unter bestimmten Bedingungen dürfen sie sogar einander wieder heiraten. In diesem Fall darf die Frau nach der Scheidung nicht mit einem anderen Mann verheiratet gewesen sein. Ein *Kohen* darf seine geschiedene Frau nicht wieder heiraten, da er als Nachkomme der *Kohanim* nicht befugt ist, eine geschiedene Frau zu heiraten.

Unter welchen Umständen kann man eine Scheidung verlangen?

Einer der Partner kann die Scheidung verlangen, wenn der andere seine ehelichen Pflichten vernachlässigt, untreu oder gewalttätig ist. Auch wenn die Ehe nach zehn Jahren noch immer kinderlos ist, kann die Scheidung verlangt werden.

Wie viel Zeit muss nach einer Scheidung vergehen, bis man wieder heiraten darf?

Frauen sollen drei Monate warten, um, falls sie schwanger werden, sicher zu sein, von wem das Kind ist. Ansonsten gibt es keine Regelungen.

Was ist die Leviratsehe?

Die Levirats- oder Schwagerehe wird vollzogen, wenn ein Mann stirbt, ohne seiner Frau Kinder gezeugt zu haben. Wenn der Verstorbene einen unverheirateten Bruder hat, muss dieser den Namen des Verstorbenen weitergeben und die Witwe heiraten. Diese Ehe wird *Jibum* genannt.

Was passiert, wenn der Bruder dazu nicht bereit ist?

Wenn der Bruder nicht zum *Jibum* bereit ist, hat er die Möglichkeit der *Chaliza*, der Auflösung des Ehebundes. Diese Zeremonie wird *Chaliza*, Hebräisch für „Ausziehen", genannt, da bei dieser Zeremonie dem Mann ein Schuh ausgezogen wird.

Wie verläuft die Chaliza?

Die Witwe geht vor ein *Beth-Din* und erklärt, dass ihr Schwager sich weigert, den Namen seines Bruders zu erhalten und sie zu heiraten. Dann muss die Frau in Anwesenheit des *Beth-Din* ihrem Schwager den rechten Schuh ausziehen und ihm ins Gesicht spucken. Das Ausziehen des Schuhs ist ein symbolischer Akt, der die *Chaliza* vollzieht. Heutzutage wird zuzüglich noch eine schriftliche Bestätigung angefertigt. Der Schwager wird dann „Barfüßer" genannt. Damit ist die *Chaliza* beendet und beide Partner sind von ihren gegenseitigen Verpflichtungen befreit.

Tod und Trauer

Was passiert, wenn jemand im Sterben liegt? Gibt es eine Sterbebegleitung?

Es darf nichts unternommen werden, was den Zustand der oder des Sterbenden verschlimmern und den Tod beschleunigen könnte. Man sollte den Sterbenden nicht bewegen, es sei denn, er verlangt dies ausdrücklich. Falls der Sterbende bei Bewusstsein ist, pflegt man mit ihm das *Schema* und ein Sündenbekenntnis (*Widuj*) zu sprechen. Dann sollte man den Sterbenden beruhigen und bei ihm bleiben, bis er seinen letzten Atemzug getan hat, um ihn bis zum Tod zu begleiten.

In keinem Fall ist passive oder aktive Sterbehilfe, also Euthanasie erlaubt, selbst dann nicht, wenn der Sterbende sehr leidet und der Tod sich lange hinauszögert. In der jüdischen Tradition wird Euthanasie als Mord gewertet.

Gibt es ein Leben nach dem Tod?

Ja. Es handelt sich um eine der Grundlagen der jüdischen Religion, die in den 13 Glaubensartikeln des Maimonides festgelegt ist. Der Baal Schem Tow, Begründer des Chassidismus, pflegte über seinen zukünftigen Tod zu sagen: „Ich befürchte nichts, denn ich weiß, dass ich aus einer Tür trete, um dann durch eine andere zu gehen."

Was passiert nach dem Tod?

Nachdem die Seele sich vom Körper getrennt hat, kehrt sie zu ihrem Schöpfer zurück. Sie wird vom himmlischen Gericht angehört und dann beurteilt. Gemäß der Anzahl ihrer guten Taten und ihrer Sünden wird sie entweder ins Paradies oder in die Hölle verwiesen, wo sie bis zur Ankunft des Messias bleibt. Dann wird die Auferstehung der Toten stattfinden, und alle Seelen werden auf die Erde zurückkehren.

Darf man den Leichnam einäschern?

Nein, auf keinen Fall. Unser Körper gehört uns nicht, daher haben wir nicht das Recht, frei darüber zu verfügen und ihn zu zerstören oder zerstören zu lassen.

Außerdem muss der Mensch, der aus der Erde kommt, wieder zur Erde zurückkehren und soll nicht in Asche verwandelt werden.

Gibt es ein Fegefeuer?

Nein, eigentlich ist die Hölle an sich ein Fegefeuer. Die Seele wird dort gereinigt bis sie für ihre Sünden bezahlt hat. Danach darf sie im Paradies weilen. Es gibt aber ein paar Ausnahmen. Einige Seelen sehr böser Menschen müssen für alle Ewigkeit in der Hölle schmoren. Sie werden auch keine Chance haben, bei der Ankunft des Messias auferstehen zu können.

Was passiert, wenn jemand als vermisst gilt?

Vermisst werden heißt nicht automatisch tot sein. Solange nur ein nicht würdiger Zeuge den Leichnam gesehen hat, dürfen die „Hinterbliebenen" nicht trauern. Das Problem verschärft sich, wenn ein Ehemann vermisst wird, ohne dass es einen Beweis für seinen Tod gibt. Seine Frau wird immer noch als verheiratet und nicht als Witwe angesehen. Sie kann also nicht wieder heiraten, auch wenn der Tod ihres Mannes wahrscheinlich ist.

Es ist in der Geschichte schon vorgekommen, dass gewisse Männer eine Katastrophe ausgenutzt haben, um sich ihrer Frau zu entledigen und woanders unter einer anderen Identität ein neues Leben zu beginnen. Diese Frauen haben einen ganz speziellen Status, namens *Aguna*.

Was soll man tun, wenn jemand gestorben ist?

Zuerst werden dem Toten die Augen geschlossen. Dann wird er auf den Rücken gelegt und mit einem Laken bedeckt. Die Anwesenden sprechen daraufhin das *Schema*.

Die Familie benachrichtigt das jüdische Bestattungsunternehmen (*Chewra Kadischa*), um alle Formalitäten für die Beerdigung auf einem jüdischen Friedhof zu erledigen. Man verhängt alle Spiegel und Fernsehgeräte des Hauses und hält bei dem Toten Wache, bis die *Chewra Kadischa* die rituelle Waschung (*Tahara*) beendet hat. Danach wird der Sarg mit der Leiche zum Friedhof gebracht.

Was genau ist die Chewra Kadischa und was sind ihre Aufgaben?

Wie schon erwähnt ist die *Chewra Kadischa*, zu Deutsch „Heilige Bruderschaft", das jüdische Bestattungsunternehmen. Sein Aufgabenbereich erstreckt sich von der Organisation der Bestattung über Totenwache, rituelle Waschung, die eigentliche Beerdigung und die Erledigung aller Formalitäten bis hin zur Verwaltung des jüdischen Friedhofs. Die *Chewra Kadischa* ist häufig ein Bestandteil der jüdischen Gemeinde, aber oft handelt es sich auch um ein unabhängiges Unternehmen mit einem Vorstand und mehreren Mitgliedern.

Obwohl es „Heilige Bruderschaft" heißt, sieht das Organisationsschema auch eine Schwesternschaft vor, die sich um die *Tahara* der Frauen kümmert, während die Bruderschaft für jene der Männer verantwortlich ist. Idealerweise sollten in beiden Fällen 18 Personen für die Waschung zuständig sein.

Wie verläuft eine Tahara?

Vier Männer bzw. Frauen entkleiden die Leiche, nachdem sie einige Gebete gesprochen haben. Danach wird vom Kopf bis zu den Füßen eine bestimmte Menge Wasser über den Körper gegossen. Dann wird die Leiche sorgfältig gewaschen, nochmals mit Wasser begossen und abgetrocknet. Schließlich wird sie nach einem bestimmten Ritual in Totenkleider (*Tachrichim*) gehüllt und in den Sarg gelegt, in dem zuvor ein Leichentuch ausgebreitet wurde.

Die *Tachrichim* setzen sich aus Hemd, Hose, Gürtel, Socken, Oberhemd und einer Kopfbedeckung aus weißem Leinen zusammen. Sie werden so genäht, dass sie keine Knoten enthalten. Auch dürfen die verschiedenen Teile der Totenkleidung nicht geknotet werden. Männer werden auch in ihren *Tallit* gehüllt, nachdem man die Stola und einen der Schaufäden abgerissen hat. Es ist üblich, ein wenig Sand aus Israel auf die Leiche zu streuen, bevor man den Sarg schließt.

Weshalb muss der Tote in Tachrichim gekleidet werden?

Rabban Gamliel[9], einer der *Talmud*-Gelehrten, begründete die Tradition, dass alle Menschen, seien sie reich oder arm, in den gleichen einfachen *Tachrichim* beerdigt werden müssen, da es vor Gott keine Unterschiede gibt.

---

[9] Aufgrund seiner umfangreichen Kenntnisse wurde ihm der Ehrentitel „Rabban" verliehen, der soviel bedeutet wie „Meister der Meister".

Warum darf es keine Knoten in den Totenkleidern geben?

Dieser Brauch basiert auf kabbalistischer Tradition, nach der die Knoten die Seele am Verlassen des Körpers hindern.

Und weshalb wird Sand in den Sarg gestreut?

Jeder Jude wünscht sich, wenn er schon nicht in Israel leben konnte, dort begraben zu werden. Da dies nicht so einfach ist, wird man zumindest mit einem bisschen Erde oder Sand aus Israel beerdigt.

Warum werden Männer mit ihren Tallit beerdigt?

Der *Tallit* sollte das einzige Zeichen für die *Mizwot*, die der Verstorbene im Laufe seines Lebens geleistet hat, sein. Symbolisch wird der *Tallit* beim himmlischen Gericht als Zeuge für die Erfüllung der verschiedenen *Mizwot* dienen.

Wie fängt die Trauerperiode an?

Sobald die Angehörigen die schlechte Nachricht erhalten haben, reißen sie eines der Kleidungsstücke ein, die sie gerade tragen und sprechen den Segen „Gepriesen sei der Richter der Wahrheit". Das Einreißen der Kleidung wird *Keria* genannt. Die Trauerperiode an sich fängt aber erst nach der Beerdigung an. Viele Leute machen die *Keria* auch erst bei der Beerdigung auf dem Friedhof.

Wie verläuft eine Beerdigung?

Die Beerdigung sollte so bald wie möglich stattfinden. Oft wird der Sarg in eine Leichenhalle gebracht, wo ein Vorbeter die entsprechenden Gebete rezitiert und eine Trauerrede über die Tugenden des Verstorbenen hält. Dies ist auch der geeignete Moment, um den Verstorbenen um Vergebung für das, was man ihm angetan hat, zu bitten. Danach beginnt die Prozession bis zum Friedhof. Falls der Friedhof zu weit von der Leichenhalle entfernt ist, fährt man mit Autos bis zum Friedhof und beginnt die Prozession vor dem Eingang des Friedhofs. Man geht bis zur Grabstelle, dort wird der Sarg in die Erde gesenkt, und jeder der männlichen Anwesenden wirft einige Schaufeln Erde darauf. Nach einigen Gebeten spricht der Trauernde das *Kaddisch*gebet zur Heiligung Gottes. Am Ende der Zeremonie bilden die Trauergäste zwei Reihen, zwischen denen der Trauende hindurchgeht. Er wird von allen Anwesenden mit der Formel „Möge der Ewige Sie mit allen Trauernden Zions und Jerusalems trösten" angesprochen.

Danach verlassen alle den Friedhof, reißen etwas Gras aus, reiben sich damit die Hände und werfen es hinter sich. Am Besten ist es, sich beim Verlassen des Friedhofs die Hände zu waschen.

Für wie lange werden die Grabstellen auf jüdischen Friedhöfen verkauft?

Die Grabstellen werden für ewig verkauft. Das heißt, dass auf jüdischen Friedhöfen im Prinzip nie Gebeine umgebettet werden, es sei denn, höhere Gewalten bedingen dies.

Warum muss man sich nach einem Besuch auf dem Friedhof die Hände waschen?

Der Tod hat etwas Unreines an sich. Um sich von dieser Unreinheit, die mit dem Tod verbunden ist, zu befreien, wäscht man sich die Hände. Früher, als der Tempel noch stand, war es sogar üblich, nach einem Friedhofsbesuch in die *Mikwe* zu gehen. Dieses Gebot wurde nach der Zerstörung des Tempels auf das Händewaschen reduziert.

Warum dürfen Kohanim den Friedhof nicht betreten?

Zur Zeit des Tempels mussten die *Kohanim* immer rein bleiben und durften daher in keinem Fall mit Toten in Kontakt kommen, sogar nicht mit ihren verstorbenen Eltern. Dieses Gebot ist immer noch für die heutigen *Kohanim*, die Nachkommen der ehemaligen *Kohanim*, gültig, auch wenn der Tempel nicht mehr existiert und die *Kohanim* ihre damalige Aufgabe nicht mehr innehaben.

Dürfen denn Kohanim zu keiner Beerdigung gehen?

Nur zu Beerdigungen ihrer direkten Verwandten dürfen sie gehen. Sie müssen dabei aber immer vier Ellen Abstand, sowohl zum Sarg, als auch zum Grab, halten. Nach der Beerdigung dürfen sie aber den Friedhof nicht weiter besuchen. Allerdings gibt es Rabbinerautoritäten, die *Kohanim* unter bestimmten Bedingungen erlauben, auf den Friedhof zu gehen, wenn sie immer mindestens vier Ellen Abstand zu allen Gräbern halten. Eine Bedingung wäre zum Beispiel, dass ihre Anwesenheit für einen *Minjan* auf dem Friedhof erforderlich ist.

Wie verläuft die Trauerperiode nach der Beerdigung?

Nach der Rückkehr vom Friedhof wird den Trauernden eine vor allem aus hartgekochten Eiern bestehende Mahlzeit serviert, die von Nachbarn zubereitet wurde. Mit dieser Mahlzeit beginnt für die engsten Angehörigen des Verstorbenen die strenge Trauerperiode von sieben Tagen. Diese Periode heißt *Schiwa*, Hebräisch für „sitzen", da die engen Angehörigen sieben Tage lang auf einem niedrigen ungepolsterten Hocker sitzen bleiben, um ihren seelischen Schmerz durch einen körperlichen Schmerz zu unterstreichen. Während der *Schiwa* dürfen die Trauernden nicht arbeiten, es sei denn, sie müssen unbedingt arbeiten, um ihren täglichen Lebensunterhalt zu finanzieren. Solange sie zu Hause sind, dürfen sie keine Lederschuhe tragen. Sie dürfen auch das Haus nur verlassen, um in die Synagoge zu gehen und das *Kaddisch* zu sagen. Normalerweise organisiert man einen *Minjan* bei den Trauernden, so dass sie zu Hause bleiben können. Bei dieser Gelegenheit kommen auch Freunde, Bekannte und die restlichen Angehörigen, um den Trauernden ihr Beileid auszusprechen und die Tugenden des Verstorbenen zu erwähnen. Während der Trauerperiode dürfen die Männer sich nicht rasieren, auch dürfen die Haare der Trauernden nicht geschnitten werden.

Wer muss die Schiwa einhalten?

Ehepartner, Geschwister, Kinder für ihre Eltern und, Gott behüte, Eltern für ihre Kinder, da es leider zu häufig passiert, dass Kinder während der Lebenszeit ihrer Eltern sterben.

Wie verhält es sich mit adoptierten Kindern?

Adoptivkinder dürfen für ihre Adoptiveltern weder trauern noch das *Kaddisch* sprechen. Nur Blutsverwandte ersten Grades sind von allen Ge- und Verboten der Trauer betroffen. Andererseits müssen Adoptivkinder für ihre leiblichen Eltern trauern, selbst wenn sie seit der Geburt von ihnen verlassen wurden und sie nie mit ihnen Kontakt hatten.

Warum müssen die Trauernden nach der Beerdigung hartgekochte Eier essen?

In der jüdischen Tradition symbolisieren Eier Trauer. Durch ihre Form können Eier rollen, so wie sich die Trauer von einer Familie zur anderen bewegt.

Wie soll man die Trauernden begrüßen?

Es ist üblich, dass die Trauernden während der *Schiwa* nicht gegrüßt werden und ihrerseits auch niemanden grüßen. So wird ihnen das Gefühl gegeben, aufgrund der Trauer von der Gesellschaft ausgeschlossen zu sein, und ihr Leiden wird noch vergrößert. Wenn man sie anspricht, sollte man sofort das Gespräch beginnen, ohne vorher „Guten Tag" zu sagen oder „Wie geht's?" zu fragen. Beim Verlassen des Hauses benutzt man die übliche Formel: „Möge der Ewige Sie mit allen Trauernden Zions und Jerusalems trösten."

Was passiert nach der Schiwa?

An die *Schiwa* schließt eine weitere Trauerperiode an, die bis zum 30. Tag nach der Beerdigung andauert und *Schloschim* (Dreißig) heißt. Während der *Schloschim* wird das normale Leben wieder aufgenommen, aber man sollte sich nicht rasieren, nicht die Haare schneiden und keine neue Kleidung kaufen.

Die gesamte Trauer ist nach diesen 30 Tagen für alle beendet, nur Kinder müssen für ihre Eltern insgesamt ein ganzes Jahr lang trauern. Es gibt verschiedene Meinungen hierzu, manche Rabbinen sagen, dass elf Monate ausreichen.

Trauernde Kinder gehen während des ganzen Trauerjahres nicht ins Kino, zu Konzerten, Hochzeiten und ähnlichem. Sie sollten auch zu Hause keine Musik hören oder fernsehen. Das Verbot des Rasierens und Haareschneidens gilt für sie das ganze Jahr über. Wenn sie aber zu ungepflegt aussehen und man sie darauf aufmerksam gemacht hat, dürfen sie sich rasieren und sich die Haare schneiden lassen.

Kinder sollten für ihre verstorbenen Eltern weiterhin das ganze Jahr über das *Kaddisch* sagen.

Darf man die Trauerperioden verlängern?

Nein. Gott hat den Menschen eine gewisse Trauerzeit vorgegeben, damit sie ihren Verlust überwinden können. Danach geht das Leben aber weiter. Wenn wir länger trauerten, wäre dies Gott gegenüber eine Sünde.

Gibt es Vorschriften, wie man sich an den Toten erinnern soll?

In der jüdischen Tradition gibt es keinen Totenkult. Dennoch halten die Angehörigen des Verstorbenen den Todestag (*Johrzeit*) gemäß dem jüdischen Kalender ein. An diesem Tag zünden sie für 24 Stunden ein Licht an und gehen in die Synagoge um das *Kaddisch* zu sprechen. Darüber hinaus gibt es an *Jom Kippur*, *Pessach*, *Schawuot* und *Sukkot* während des Gottesdienstes ein Gebet für die Ruhe der Seelen der Verstorbenen.

Wann legt man den Grabstein?

Normalerweise wartet man das Ende der *Schloschim* ab, um den Grabstein zu platzieren und einzuweihen, aber auch gleich nach der *Schiwa* ist eine Einweihung möglich. In Europa wartet man meistens ein ganzes Jahr, damit die Erde sacken kann und das Fundament des Grabsteins stabil wird.

Wozu legt man kleine Steine auf jüdische Gräber?

Dafür gibt es mehrere Gründe, zum einen bezeugen die Steine den Besuch von Trauergästen. Der Anblick vieler Steine erfreut die Angehörigen des Toten, denn so sehen sie, wie viele an ihn gedacht haben. Ein anderer Grund ist, dass jeder gerne seine *Mizwa* erfüllen möchte, indem er dem Verstorbenen zu Ehren einen Grabstein aufstellt. Natürlich ist das nicht möglich, deshalb legt man einen symbolischen Stein auf das Grab.

Das jüdische Jahr

Der jüdische Kalender

Worauf bezieht sich die Zeitrechnung im jüdischen Kalender?

Die jüdische Tradition basiert auf dem biblischen Text von der Schöpfungsgeschichte bis zu den Propheten Ezra und Nehemia. Sie zählt die Jahre ab der Schöpfung der Welt bis zum heutigen Tag. Traditionsgemäß wurde die Welt im Herbst erschaffen, das jüdische Neujahr fällt demnach immer in diese Jahreszeit. Im jüdischen Kalender entspricht das Jahr 2001/2002 dem Jahr 5762. Es besteht also ein Unterschied von 3760 Jahren zwischen den beiden Zeitrechnungen. Im Gegensatz zum gregorianischen Kalender, der sich nach dem Sonnenverlauf richtet, orientiert sich der jüdische Kalender hauptsächlich an dem Mondlauf. Die Monate haben entsprechend andere Namen.

Welche Namen tragen die jüdischen Monate?

Das jüdische Jahr beginnt mit dem Monat *Tischri*, gefolgt von *Cheschwan, Kislew, Tewet, Schewat, Adar, Nissan, Ijar, Siwan, Tamus, Aw* und *Elul*. Diese Monatsnamen haben aramäischen Ursprung, da sie zur Zeit des Exils in Babylon entstanden sind. In der *Tora* selbst werden die Monate nur mit Nummern bezeichnet. Auch die Wochentage werden nur gezählt, mit Ausnahme des siebten Tages, des *Schabbat*. Der siebte

Tag des jüdischen Kalenders ist der Samstag und nicht etwa der Sonntag, der wiederum ist der erste Tag.

Schabbat, und Gott schuf den Ruhetag

Warum beginnt der Schabbat am Freitagabend?

Dem Schöpfungsbericht nach war die Welt ein Tohuwabohu, und als Gott das Licht erschaffen hatte, sah Er, dass es gut war und verkündete: „Es ward Abend, es ward Morgen, ein Tag." Folglich beginnt jeder Tag am Vorabend des eigentlichen Tages.

Wie lange dauert der Schabbat?

Der *Schabbat* beginnt ungefähr eine halbe Stunde vor Sonnenuntergang und endet am Samstagabend mit dem Erscheinen der drei ersten Sterne. Folglich dauert dieser Tag etwa 25 Stunden. Die genauen Uhrzeiten sind je nach Woche und Längen- und Breitengraden unterschiedlich und werden einzeln berechnet, damit die verschiedenen Gemeinden in der ganzen Welt wissen, wann der *Schabbat* beginnt und endet.

Wie verläuft der Schabbat?

Der *Schabbat* ist ein Ruhetag in Erinnerung an die Entstehung der Welt, als Gott Sein Schöpfungswerk vollendet hatte. Diese Ruhe ist ebenfalls ein Teil der Schöpfung, damit auch die Menschheit am siebten Tag ruhen und zu neuen Kräften kommen kann.
Der *Schabbat* besteht aus Ruhe, das bedeutet, eine Zeit, während der keine schöpferische Arbeit erlaubt

ist. Darüber hinaus ist dieser Tag dazu bestimmt, ihn gemeinsam mit seiner Familie zu verbringen und in der Synagoge zu beten. Der *Schabbat* setzt sich aus zwei Teilen zusammen: eine Hälfte für Gott, die andere für den Menschen.

Durch das *Kiddusch* wird der *Schabbat* am Vorabend und am Mittag mit einem Becher Wein geheiligt. Darauf folgt jeweils eine Mahlzeit, die mit einem Segen über zwei Brotlaibe beginnt, die auf Hebräisch *Challot* genannt werden. Anschließend wird ein Festmahl eingenommen, das Fisch, Fleisch und verschiedene Delikatessen enthält. Zwischen den unterschiedlichen Speisen finden Tischgesänge (*Semirot*) zur Ehre des *Schabbat* statt. Zur Ehrung dient ebenfalls eine dritte kurze Mahlzeit, die *Seuda Schlischit*, am *Schabbat*nachmittag, kurz vor dem Ausgang des *Schabbat*.

Außerdem gibt es mehrere Gottesdienste, der Erste am Freitagabend (*Kabalat Schabbat*), das Empfangen des *Schabbat*. Am Samstagmorgen findet der Morgengottesdienst mit seinem Zusatz für *Schabbat* (*Mussaf*) statt. Am Nachmittag gibt es noch einen weiteren Gottesdienst. Während der Morgen- und Nachmittagsgottesdienste wird aus der *Tora* gelesen.

Was darf am Schabbat nicht gemacht werden?

Es gibt 39 verbotene Hauptarbeiten, die ursprünglich mit dem Bau des Heiligtums in der Wüste Sinai verbunden waren. Diese Arbeiten beinhalten auch die Vorbereitungen für Opferungen, unter anderem Korn dreschen, färben, ernten, backen, Knoten binden, zerreißen, bauen, schächten, schneiden, schreiben, Feuer anzünden und ausmachen, … Die Rabbiner des *Talmud* haben diese Hauptarbeiten mit vielen anderen verbotenen Unterarbeiten verknüpft. So gibt es mehrere hundert verschiedene Arten von Arbeit, die nicht erlaubt sind. Kurzgefasst, alles, was schöpferisch ist, ist verboten.

Die Vorschriften für *Schabbat*, die nicht im *Talmud* vorhersehbar waren, wurden von den Entscheidungsträgern der *Halacha*, der jüdischen Jurisprudenz, festgelegt.

Was zum Beispiel?

Dazu gehört das Spielen auf einem Musikinstrument, Fahrrad fahren, Sport treiben, das Benutzen elektrischer Geräte und das Tätigen von Geldgeschäften und Einkäufen.

Man darf weder Feuer anzünden, noch ausmachen – aber darf man kochen?

Nein, man darf das Feuer nicht einmal aktiv nutzen. Nur wenn das Feuer vor dem Schabbat entzündet wurde, darf ein Topf die ganze Zeit über auf dem Herd warm gehalten werden, aber nur zum Servieren berührt werden. Das heißt, dass alle Gerichte schon vor dem *Schabbat* gekocht sein müssen. Man könnte natürlich auch kalte Speisen essen.

Darf man während des Schabbat Licht anzünden?

Nein, so gibt es also drei Möglichkeiten: entweder verbringt man den Tag ohne künstliches Licht, oder man lässt das Licht Tag und Nacht brennen. Heutzutage besteht die dritte Möglichkeit darin, einen programmierbaren Schalter, der vor *Schabbat* eingestellt wurde, zu benutzen.

Also darf man auch nicht Auto fahren oder gefahren werden?

In der Tat ist es streng untersagt, an *Schabbat* Auto zu fahren oder gefahren zu werden.

Was macht man, wenn man weit entfernt von der Synagoge wohnt? Darf man dann hinfahren?

Fromme Juden versuchen immer, in der Nähe einer Synagoge zu wohnen, denn auch für die Erfüllung der eigenen religiösen Aufgaben, ist das Fahren nicht erlaubt. Anstatt in die Synagoge zu fahren, sollte man lieber zu Hause bleiben und dort beten.

Was soll man tun, wenn eine Frau kurz vor der Entbindung steht und ins Krankenhaus muss?

Wenn es sich um Lebensgefahr handelt oder um solch einen Grenzfall wie eine Entbindung, entfallen alle Gesetze des *Schabbat* für diesen Zweck. Für diesen Zweck heißt, dass beispielsweise ein Ehemann, der seine Frau zur Entbindung fährt, nicht das Recht hat, währenddessen zu rauchen, zu telefonieren oder andere Dinge zu machen, die an *Schabbat* nicht erlaubt sind. Oder wenn er ein Telefon benutzt, um einen Krankenwagen zu rufen, muss seine Frau alleine fahren, und er muss sich zu Fuß zum Krankenhaus begeben.

Was passiert, wenn die drei ersten Sterne am Himmel erscheinen? Wie endet der Schabbat?

Sobald die drei ersten Sterne am Himmel erschienen sind, betet man das Abendgebet zu Hause oder in der Synagoge, und man beendet Schabbat mit einer kleinen Zeremonie zu Hause. Diese heißt *Hawdala* und bedeutet, Trennung des *Schabbat* von den anderen Wochentagen.

Wie wird die Hawdala gefeiert?

Der Hausherr spricht einen Segen über einen Becher Wein, duftende Kräuter, wie zum Beispiel Gewürznelken und über eine aus mehreren Dochten geflochtene Kerze. Jeder Anwesende atmet ein bisschen von dem Duft der Kräuter ein, und man lässt die Kerzenflamme sich in den Fingernägeln spiegeln. Nachdem alle Segenssprüche aufgesagt wurden, löscht der Hausherr die Flamme mit etwas Wein. Die Wiederaufnahme der Arbeit wird symbolisch durch das Feuer, Grundlage der Technik, dargestellt.

Die Feste

Rosch Haschana oder das jüdische Neujahr

Wann findet Rosch Haschana statt?

Gegen Ende des Sommers oder zu Anfang Herbst. Nach dem jüdischen Kalenders fällt es auf den ersten und zweiten *Tischri*. Die Tradition sagt, dass Gott an diesem Tag die Welt erschaffen hat, und auf dieser Tatsache basiert der Kalender.

Warum gibt es zwei Feiertage für Rosch Haschana?

Da sich der jüdische Kalender an dem Mondlauf orientiert, musste erst der Neumond in Jerusalem beobachtet werden, bevor der neue Monat durch den *Sanhedrin* angekündigt werden konnte. Die Ankündigung fand folgendermaßen statt: Man entzündete Fackeln auf den Bergen von Jerusalem. Die Einwohner der benachbarten Berge, die diese Fackeln sahen, entzündeten ihrerseits weitere Fackeln, so dass sich das Licht immer weiter und weiter ausbreitete, solange bis ganz Israel mit der Diaspora in Babylonien wie ein großes Feuer aussah. Manchmal war der Mond nicht so deutlich sichtbar, so dass sich die Ankündigung um einen Tag verzögerte. Deswegen wurde jeder Monat und jedes Fest an zwei Tagen gefeiert. Als der Vorsitzende Hillel II, ein Urenkel von Rabbi Jehuda Hanassi, dem Verfasser der *Mischna*, den jüdischen Kalender verfasste, wurden alle Feiertage auf ihre richtigen Daten festgelegt. In Israel wurden die Feste einen Tag, in der Diaspora zwei Tage lang gefeiert. Als Ausnahme gilt *Rosch Haschana*, das einzige Fest, das auch in Israel über zwei Tage gefeiert wird, denn es kündet das Neujahr an.

Was bedeutet Rosch Haschana?

Die Worte *Rosch Haschana* bedeuten „Kopf des Jahres", mit anderen Worten, der Anfang des Jahres. Das ist also der Zeitpunkt, an dem sich jeder neue Vorsätze macht. Darüber hinaus heißt dieser Tag auch *Jom Hadin*, das bedeutet „Gerichtstag". An diesem Tag tritt das jüdische Volk vor Gott wie eine Schafherde vor ihren Hirten und wird dort gerichtet für die guten und schlechten Taten des vergangenen Jahres. Ein weiterer Name ist *Jom Hasikaron*, „Tag der Erinnerung", in Erinnerung an die Opferung von Jizchak, die an diesem Tag stattfand. Schließlich gibt es einen vierten Namen: *Jom Terua*, der „Tag des *Schofar*-Blasens", da an diesem Tag während des Gottesdienstes in ein *Schofar* geblasen wird.

Was ist ein Schofar?

Das *Schofar* ist ein Widderhorn. Der *Midrasch* sagt, dass Gott, als Er Awraham auf die Probe stellte, ob dieser seinen Sohn Jizchak opfern würde, ihn im letzten Moment aufhielt, seinen Sohn zu töten. Stattdessen zeigte Gott ihm einen Widder, der sich mit seinen Hörnern in einem Busch verfangen hatte. Awraham opferte diesen Widder und Gott versprach ihm, dass, wenn seine Nachfahren sündigten und sie an *Rosch*

Haschana in das *Schofar*, das Widderhorn, blasen, Er sich an die Opferbereitschaft von Awraham und Jizchak erinnern und barmherzig sein werde.

Welchen Zusammenhang gibt es zwischen der Opferung Jizchaks und Rosch Haschana?

Wie erwähnt ist *Rosch Haschana* der Tag des Gerichts. Da es aber auch der Tag ist, an dem die Opferung des Jizchak stattgefunden hat, bitten wir Gott und beten zu ihm, dass er, so wie er Erbarmen mit Jizchak hatte und ihn nicht auf dem Altar hat sterben lassen, er auch mit uns Erbarmen haben möge und uns nicht für unsere Sünden sterben lasse.

Warum wird an Rosch Haschana in ein Schofar geblasen?

Dieses Blasen ist ein Ruf an die jüdische Gemeinschaft, das die Herzen zerbrechen lässt, um die Gemeinschaft zu Buße und Rückkehr zu bewegen. Diese Handlung ist unerlässlich, um an diesem Gerichtstag vor Gott Reue für schlechte Taten der Vergangenheit zu zeigen.

Die *Terua* ist eine Abfolge von neun kurzen schluchzenden und gleichzeitig triumphierend klingenden Tönen. Triumphierend, weil durch diesen Klang die Anschuldigungen Satans aufgehoben werden und sich so zeigt, dass Gott sich nicht durch ihn beeinflussen lässt. Außerdem gibt es zwei andere Töne des *Schofar*, die sich *Tekia* und *Schewarim* nennen und die ähnliche Wirkungen haben.

Zu welchem Zeitpunkt wird in das Schofar geblasen?

Zweimal, zunächst am Ende der *Tora*lesung, dann während des *Mussaf*-Gottesdienstes. Man sollte insgesamt genau hundert Töne des *Schofars* hören. Dies ist eine der wichtigsten *Mizwot* an *Rosch Haschana*, und jeder sollte das *Schofar* blasen hören. Häufig begeben sich deshalb Rabbiner zu Kranken, um an ihren Betten das *Schofar* zu blasen.

Wie wird Rosch Haschana gefeiert?

Anders als in anderen Kulturen, die dem Vergnügen den größten Platz einräumen, zeichnet sich *Rosch Haschana* durch die Ernsthaftigkeit des Tages aus, nämlich mit besonderen Gottesdiensten in der Synagoge. Natürlich werden auch gute Wünsche ausgetauscht, mündlich oder schriftlich, und darüber hinaus bittet man diejenigen um Vergebung, die man im Laufe des Jahres verletzt oder denen man Schaden zugefügt hat. Die übliche Formel der Wünsche lautet: „*Leschana towa tikatewu wetechatemu*", was übersetzt heißt: „Möget ihr zu einem guten Jahr eingeschrieben und gesiegelt werden".

Ein Teil der Feier, die Mahlzeiten, findet immer im Kreis der gesamten Familie statt. Zu Anfang des Essens nimmt man ein in Honig getunktes Stück Brot und ein Stück Apfel zu sich.

Warum werden Brot und Apfel in Honig getunkt?

Das Eintunken von Brot und Apfel in den Honig soll ein gutes Omen für ein süßes gesegnetes Jahr sein. Vor dem Essen wird das kurze Gebet „Es sei Dein Wille, Ewiger, unser Gott und Gott unserer Vorfahren, dass

Du für uns ein gutes und wie Honig süßes Jahr erneuerst" gesprochen. Außerdem isst man Fisch als Symbol der Fruchtbarkeit und andere Speisen, die ebenfalls ein gutes Omen darstellen.

Jom Kippur, der Versöhnungstag

Was bedeutet Jom Kippur?

Jom Kippur ist der Versöhnungstag und bedeutet wortwörtlich „Tag der Sühne". Es ist die wichtigste Feier des jüdischen Kalenders, am zehnten *Tischri*, und es ist ein Fastentag.

Warum sollte man an Jom Kippur fasten?

Wie *Rosch Haschana* heißt auch *Jom Kippur* „Tag des Gerichts", *Jom Hadin*. Das Fasten ist bereits in der *Tora* fest vorgeschrieben und dient dazu, die Seele zu kasteien und sie zur Buße anzuregen. Trotz des freudigen Feierns sollte man nicht vergessen, dass man am Gottesgericht teilnimmt, und man sollte sein Herz durch das Fasten zerbrechen.

Wenn Rosch Haschana schon ein Gerichtstag ist, warum muss es dann am zehnten Tag des Jahres einen zweiten geben?

An *Rosch Haschana* wird das Urteil gesprochen und am *Jom Kippur* wird es besiegelt. Das heißt, dass die sieben Tage dazwischen Bußtage sind, während derer wir unser Verhalten bessern und das Urteil Gottes ändern können.

Wie wird Jom Kippur gefeiert?

Die Hauptsache ist ein vollständiges Fasten, das aus folgenden Verboten besteht:

– Essen und Trinken
– Waschen
– Parfümierung und Kosmetik
– Lederschuhe tragen
– Geschlechtsverkehr

Das Fasten beginnt eine halbe Stunde vor Sonnenuntergang am Vorabend und dauert bis zum Abend des nächsten Tages, wenn die drei ersten Sterne sichtbar sind.

Am Vorabend und während des ganzen Tages betet man in der Synagoge. Der Vorabendgottesdienst ist ein besonderer und heißt *Kol Nidre*, „Alle Gelübde“. Die gesamten Gebete setzen sich zusammen aus Sündenbekenntnissen und Bitten um Vergebung. Es wird auch aus der *Tora* und am Nachmittag aus dem Buch Jona gelesen. *Jom Kippur* ist der einzige Tag, an dem es einen fünften Gottesdienst gibt, nämlich die *Neila*, den Schlussgottesdienst.

Was hat den Kol Nidre so berühmt gemacht?

Kol Nidre bedeutet „Alle Gelübde“ und ist das Einführungsgebet für den Vorabend von *Jom Kippur*. Der Text diese Gebets verdeutlicht unseren Willen, alle Versprechen, Verpflichtungen und Gelübde des vergangenen Jahres aufzulösen. Zu welcher Zeit dieses Gebet entstand, ist unbekannt, aber schon zu Anfang des Mittelalters wurde es weltweit in den verschiedenen jüdischen Gemeinden angenommen, so dass auch in den schwierigsten Zeiten, als die Juden teilweise unter Todesangst lebten und ihrer Religion abschwören mussten, sie die Möglichkeit hatten, ihre Gelübde zurückzunehmen. Das bezeichnendste Beispiel ist das der *Marranos* während der Inquisition in Spanien und Portugal. Für sie und ihre Nachfahren hatte das Gebet eine ganz besondere Bedeutung.

Warum werden an Jom Kippur Kerzen angezündet, die 24 Stunden brennen?

Wer in den vergangenen Jahren einen nahestehenden Verwandten verloren hat, zündet zur Erinnerung an den Verstorbenen eine Kerze an, die wie die *Johrzeit*-Lichter 24 Stunden brennen sollte. Diese Kerze heißt auf Hebräisch *Ner Neschama*, was „Licht der Seele" bedeutet.

Außerdem zünden auch verheiratete Männer eine Kerze an, die *Ner Habari*, das heißt „Licht der Gesundheit". Sie machen dies, um dadurch für den Lebensunterhalt ihrer Familien zu bitten.

Gibt es eine Beichte oder ein Sündenbekenntnis in der jüdischen Tradition?

Es gibt keine Beichte, aber an *Jom Kippur* gibt es ein Sündenbekenntnis *Widuj*, das im Verlauf der verschiedenen Gottesdienste insgesamt zehnmal gesprochen wird. Diese zehn Male symbolisieren die zehn Gebote, gegen die verstoßen wurde. Es werden 24 verschiedene Sünden, die ein Mensch begehen kann, in der Reihenfolge des hebräischen Alphabets aufgezählt. Da die Sünden und auch das Bewusstsein darüber unendlich sind, hilft das Alphabet, das schließlich Anfang und Ende hat, sie zu formulieren.

Dieses *Widuj* wird von allen Betenden in der Synagoge mit leiser Stimme gesprochen.

Sukkot, Schmini Azeret und Simchat Tora

Was ist der Ursprung von Sukkot?

Sukkot ist ein Erntefest, das bereits in der *Tora* erwähnt ist. Darüber hinaus ist es ein Fest des Dankes an Gott, das mit *Pessach*, dem Auszug aus Ägypten, verbunden ist. Die *Tora* schreibt, dass Gott die Kinder Israels in Zelten hatte wohnen lassen. Zur Erinnerung an dieses Wunder und an den Auszug aus Ägypten, verlassen wir an diesen Tagen unsere Häuser, um in Zelten, bzw. in Laubhütten zu wohnen.

Auch wenn der Anlass für beide Feste der gleiche ist, hat Gott *Sukkot* von *Pessach* aus mehreren Gründen getrennt, nämlich erstens, weil *Pessach* schon so traditionsvoll ist, dass nicht noch mehr hinzugefügt werden musste, zweitens, weil *Sukkot* als Fest des Dankes mit seinem Auszug ins Freie während der schönen Jahreszeit eher ein angenehmes Picknick sein würde. Nun findet es im Herbst bei Regen und Wind statt, damit nicht das Angenehme, sondern die Dankbarkeit überwiegt.

Was genau bedeutet Sukkot?

Sukkot bedeutet „Laubhütten". Es ist der Name der Feier und auch der hebräische Plural für Laubhütte. Die Singularform ist dementsprechend *Sukka* und man sagt: „Ich esse in meiner *Sukka*".

Muss man in den Laubhütten auch schlafen? Und wird Sukkot in der ganzen Welt oder nur in Israel gefeiert?

Sukkot wird in Israel, wie im Rest der Welt, auf die gleiche Art gefeiert. Es ist wünschenswert, dass in den Laubhütten übernachtet wird. In Israel stellt das kein Problem dar, aber in der Diaspora kann es schon sehr kalt sein, so dass diejenigen, die aus gesundheitlichen Gründen nicht in den *Sukkot* schlafen können, zu Hause bleiben dürfen. Allerdings muss auf jeden Fall in den Laubhütten gegessen werden, entweder man wärmt sich mit einem Mantel oder mit einem Heizgerät.

Muss jeder seine persönliche Sukka haben?

So ist es gedacht, wer aber keine Möglichkeit hat, sich eine zu bauen, kann entweder in der *Sukka* einer Synagoge die Mahlzeiten zu sich nehmen oder sich bei Freunden oder Verwandten einladen lassen.

Was passiert wenn es in Strömen regnet? Muss man dann auch in die Sukka?

Das Dach der Laubhütte sollte aus Ästen und Laub bestehen, die so verarbeitet sind, dass das Tageslicht noch einfallen kann. Wenn es regnet, regnet es also tatsächlich in die *Sukka*. In dem Fall kann man entwe-

76

der nur das *Kiddusch* sprechen und danach zu Hause essen, oder man breitet eine Plane über das Dach der *Sukka*. Die zweite Lösung ist zu bevorzugen.

Gibt es andere Bräuche während Sukkot?

Selbstverständlich, zunächst gibt es eine besondere Liturgie und zusätzlich die Verwendung von vier Pflanzenarten während der Gebete. Es handelt sich dabei um eine Zitrusfrucht *Etrog*, einen Palmenzweig *Lulaw*, drei Myrtenblätter *Hadas* und zwei Bachweidenzweige *Arawa*. Diese drei letztgenannten Pflanzen werden zu einem Strauß zusammen gebunden, der während des Gottesdienstes gemeinsam mit der Zitrusfrucht in alle vier Himmelsrichtungen, sowie nach oben und nach unten geschüttelt wird. Dadurch wird die Allgegenwärtigkeit Gottes dargestellt.

Was symbolisieren diese vier Pflanzenarten?

Alle vier Pflanzen haben oder haben gerade nicht eine oder beide Eigenschaften: Duft und Geschmack, bzw. Früchte. Der Duft steht für Menschen, die die *Tora* lernen, und die Frucht steht für Menschen, die gute Taten vollbringen.

Der *Etrog* hat Duft und Geschmack, der *Lulaw* trägt Früchte, hat aber keinen Duft, der *Hadas* duftet aber hat keine Frucht und die *Arawa* hat weder das eine noch das andere. Gott in seiner Güte verlangt von uns, dass sich die Vereinigung von frommen mit nicht frommen Juden, seien sie gelehrt oder nicht, verwirklicht, so wie das Beispiel der miteinander verbundenen vier Pflanzen.

Außerdem werden die vier Arten durch ihre Formen mit dem menschlichen Körper verglichen. Der *Etrog* symbolisiert das Herz, der *Lulaw* die Wirbelsäule, der *Hadas* die Augen und die *Arawa* die Lippen. Das heißt, dass wir mit unserem ganzen Körper Gott dienen sollen.

Wie lange dauert Sukkot?

Sukkot dauert in Israel, wie auch in der Diaspora, sieben Tage, mit dem Unterschied, dass in Israel nur der erste Tag ein Feiertag ist, an den anderen Tagen aber gearbeitet wird. In der Diaspora sind die zwei ersten Tage Feiertage und die übrigen fünf halb Feier- und halb Werktage. Diese Tage werden auf Hebräisch *Chol Hamoed* genannt.

Es folgt unmittelbar das Fest *Schmini Azeret*. *Schmini* bedeutet „der achte" (Tag) und *Azeret* „Abschluss". Obwohl es ein eigenes Fest ist, bleibt es mit *Sukkot* verbunden. In Israel dauert es einen Tag, der auch *Simchat Tora* heißt (Freude an der *Tora*). In der Diaspora dauert das Fest zwei Tage, und nur der zweite Tag heißt dann *Simchat Tora*.

Muss man an Schmini Azeret und an Simchat Tora immer noch in der Sukka essen?

Das ist abhängig von den verschiedenen örtlichen Traditionen. Auf jeden Fall macht man an *Schmini Azeret*-Mittag ein letztes *Kiddusch* in der *Sukka*. Bei diesem Anlass verabschiedet man sich von der *Sukka* bis zum nächsten Jahr.

Verwendet man den Lulaw-Strauß auch an Schmini Azeret?

Nein, weil es eine getrennte Feier ist. Während des *Mussaf*-Gottesdienstes gibt es einen anderen Brauch, nämlich ein Gebet für den Regen. In diesem Gebet bitten wir Gott, dass Er Israel mit gesegnetem Regen beschenken möge. Ab diesem Tag beginnt dann die Winterzeit in Israel.

Was bedeutet Simchat Tora?

Simchat Tora bedeutet „Freude an der Tora". Dieser Name erklärt sich durch die Freude, die wir empfinden, weil wir nach einem Jahr wöchentlicher *Tora*-Lesungen bis zum Ende des fünften Buch Mosche nun umgehend wieder mit dem Buch Genesis anfangen.

Wie wird Simchat Tora gefeiert?

Der feierliche Charakter des Festes wird durch Tänze und Gesänge in der Synagoge ausgedrückt. Während der Gottesdienste tanzt man singend mit allen *Tora*rollen, sogar mit denen, die nicht mehr zur Lesung geeignet sind, in der Runde um die *Tora*bühne. Sie wird insgesamt sieben Mal umkreist, jedes Mal von unterschiedlichen Lobgebeten begleitet.

Am Vorabend wird aus der *Tora* gelesen. Dies ist das einzige Mal im Jahr, dass eine Lesung bei Nacht stattfindet. Fünf Männer werden aufgerufen, einen Segen über die *Tora* zu sprechen. Mit dem fünften Aufgerufenen treten auch alle Jungen, die noch nicht *Bar-Mizwa* geworden sind, auf die *Tora*bühne, um gemeinsam mit ihm den Segen zu sprechen.

Während des Morgengottesdienstes wird ebenfalls mit allen *Tora*rollen gesungen und getanzt, und jeder Anwesende wird dann zur *Tora* aufgerufen. Wie am Vorabend begleiten alle Kinder den zuletzt Aufgerufenen. Danach wird der letzte Auszug aus der *Tora* gelesen. Der Aufgerufene, einer der Gelehrtesten der Gemeinde, oft ist es der Rabbiner selbst, heißt *Chatan Tora*, „Bräutigam der *Tora*". Anschließend wird einem anderen, meistens der Älteste der Anwesenden, die Ehre zuteil, den ersten Abschnitt der *Tora* zu verlesen, dieser heißt *Chatan Bereschit*, „Bräutigam der Genesis".
In vielen Gemeinden der Diaspora wird auch schon am Vorabend von *Schmini Azeret* mit den *Tora*rollen getanzt und gesungen, allerdings ohne Lesung.

Chanukka, das Lichterfest

Was ist Chanukka?

Der *Talmud*, Traktat Schabbat 21b, stellt die gleiche Frage: Was ist *Chanukka*? Der *Talmud* antwortet: „Am 25. Tag des Monats *Kislew* beginnen die Tage der *Chanukka*. Insgesamt sind es acht Tage, an denen weder Trauerreden, noch Fasten erlaubt ist. Als die Griechen in das Heiligtum, den Tempel zu Jerusalem, eingetreten sind, haben sie alle Ölphiolen entweiht. Nachdem das Königshaus der Hasmonäer die Oberhand über die Griechen gewann und sie besiegte, suchten sie in dem Heiligtum und fanden nur noch eine verborgen liegende Ölphiole; sie war unversehrt und hatte noch das Siegel des Oberpriesters. Die Phiole enthielt gerade noch soviel Öl, um die *Menora* einen Tag lang zu erleuchten. Aber es geschah ein Wunder:

Die Hasmonäer entzündeten die *Menora*, und sie leuchtete acht Tage lang, bis neues reines Olivenöl hergestellt werden konnte. Im folgenden Jahr machten die Hasmonäer diese acht Tage zu einem Fest für die Zukunft, während dessen Lob- und Dankgebete vorgetragen werden sollen."

Wann fand das Wunder von Chanukka statt?

Der Krieg gegen die Griechen fand 165 v. Chr. statt. In Wirklichkeit waren es aber gar keine Griechen, sondern die Nachfolger von Alexander dem Großen, also die Seleukiden aus Syrien. Der Einfachheit halber nennt man sie im *Talmud* Griechen. Auf ihrer Seite waren auch hellenisierte Juden.

Was wollten die Griechen von den Juden?

Unter Alexander dem Großen lebten die Juden in Israel in Frieden und Freiheit. Später, unter den Seleukiden, änderte sich die Situation, und die Griechen verboten das Einhalten der wichtigen Gebote wie die Beschneidung, das Feiern des *Schabbat* und das *Tora*-Lernen. Sie entweihten den Tempel, indem sie eine Zeus-Statue aufstellten und Schweine auf dem Altar opferten. Damit wollten die Griechen erreichen, dass sich das jüdische Volk vollständig eingliedert, bzw. hellenisiert.

Das Aufstellen der Zeus-Statue und das Opfern von Schweinen waren die Provokationen, die das Fass zum Überlaufen brachten, so dass die Hasmonäer unter der Leitung des Oberpriesters Matitjahu einen Aufstand gegen die Griechen begannen.

Was ist eine Menora?

Menora ist der Überbegriff für Leuchter. Außerdem ist *Menora* der Name für den besonderen Leuchter, der sich im Tempel befand und der als siebenarmiger Leuchter bekannt ist. Der *Chanukka*-Leuchter heißt auch *Menora* oder aber *Chanukkia*.

Wie sieht eine Chanukkia aus?

Die *Chanukkia* ist ein acht- bzw. neunarmiger Leuchter, dessen Lichter nebeneinander stehen. Acht Lichter sind bestimmt für die Erinnerung an das Wunder, das neunte Licht heißt *Schamasch* und ist der „Diener", mit dem die anderen Lichter angezündet werden. Der *Schamasch* befindet sich entweder in der Mitte, oder ganz links oder rechts, erhöht oder etwas niedriger als die anderen Lichter.

Wie wird Chanukka gefeiert?

Chanukka ist ein sehr fröhliches Fest, der Höhepunkt ist das Anzünden der *Chanukka*-Lichter an jedem Abend, acht Tage lang. Am ersten Abend wird eine Kerze entzündet, am zweiten Abend zwei Kerzen und so weiter, bis die ganze *Chanukkia* leuchtet. Die Kerzen werden von rechts nach links auf die *Chanukkia* gestellt, aber angezündet werden sie von links nach rechts, damit das neue Licht immer als Erstes brennt. Man kann Kerzen oder Öl anzünden, wobei Öl bevorzugt wird. Außerdem werden zur Erinnerung an das Wunder des Öls in Öl gebratene Speisen gegessen.
Da zu Hasmonäer Zeiten das Studium der *Tora* verboten war, ist *Chanukka* der geeignete Zeitpunkt, um kleine Kinder an das Lernen heranzuführen. Um sie

zusätzlich zu motivieren, bekommen die Kinder Geldgeschenke, die als *Chanukka*-Geld bekannt sind. Auch ist es üblich, während die Lichter an *Chanukka* leuchten, mit Kreiseln zu spielen.

Warum wird an Chanukka mit Kreiseln gespielt?

Zur Zeit der Hasmonäer, als das *Tora*-Lernen eine Straftat war, ignorierten fromme jüdische Kinder das Verbot. Sie lernten die *Tora* und hatten immer Kreisel dabei, mit denen sie zur Tarnung spielten, falls griechische Patrouillen in der Nähe waren.

Heute erinnert dieses Spiel an die Opferbereitschaft der Kinder in der damaligen Zeit.

Darf man an Chanukka arbeiten?

Ja, die acht Tage der *Chanukka* sind einfache Werktage, an denen jede Arbeit erlaubt ist, außer an *Schabbat*. Da dieses Fest nicht in der *Tora* selbst erwähnt ist, sondern von den Rabbinern festgelegt wurde, fällt *Chanukka* nicht unter die Regeln des Arbeitsverbotes wie die anderen Feiertage und *Schabbat*, die in der *Tora* vorgeschrieben sind.

Tu Bischwat, das Neujahr der Bäume

Was ist Tu Bischwat?

Tu Bischwat wird im *Talmud* als Neujahr der Bäume bezeichnet. Das Fest fällt auf den 15. Tag des Monats *Schewat*, wenn die Bäume schon ausschlagen. *Tu*

Bischwat kündet das Ende der Regenzeit und gleichzeitig den Anfang des Frühlings in Israel an.

Wie *Chanukka* ist es ein Fest, an dem die Arbeit erlaubt ist.

Was ist der Ursprung des Festes?

Es gibt kein historisches Ereignis, das Anlass zu dieser Feier gibt. Die erste Erwähnung findet sich in der *Mischna*, die etwa zwei bis drei Jahrhunderte n. Chr. verfasst wurde. Es gibt auch keine nachvollziehbare Spur, wie, wann und wo *Tu Bischwat* entstanden ist, auch nicht, wie und wann die verschiedenen Traditionen eingeführt wurden.

Wie wird Tu Bischwat gefeiert?

Es gibt zwei kennzeichnende Traditionen für dieses Fest. Zunächst ist es üblich, an diesem Tag in Israel Bäume zu pflanzen. Zu dieser Gelegenheit kommen viele Schüler mit Schaufeln und Setzlingen, um an der Aufforstung des Landes teilzunehmen.

Die zweite Tradition wird auf der ganzen Welt, nicht nur in Israel, gefeiert. Um das Datum, den 15. *Schewat*, hervorzuheben, werden 15 verschiedene Früchte gegessen, häufig in Form eines großen Obstsalats. Der Lubawitscher Rabbi Menachem Mendel Schneersohn maß der Zeremonie eine sehr große Bedeutung zu und forderte zu großen Versammlungen auf, damit möglichst viele Juden an diesem Tag gemeinsam Früchte essen.

Was für Früchte kommen in Frage?

Äpfel, Birnen, Bananen, Orangen, Pampelmusen, Ananas, Weintrauben, Pfirsiche, Aprikosen, Pflaumen, Datteln, Feigen, Mango, Papaya, Litschi, Maracuja, Erdbeeren etc.

Außerdem wurde schon in der *Tora* das Land Israel von Gott mit den folgenden sieben Fruchtsorten gesegnet: zwei Getreidearten: Gerste und Weizen sowie fünf Baumfrüchte: Weintrauben, Datteln, Feigen, Oliven und Granatäpfel, die man auf jeden Fall an *Tu Bischwat* zu sich nehmen sollte.

Purim oder der jüdische „Karneval"

Was ist Purim?

In den Jahren 369-356 v. Chr., während der babylonischen Verbannung, wollte Haman, Minister des persischen Königs Achaschwerosch, das jüdische Volk ausrotten. Achaschwerosch nahm als zweite Frau, ohne ihre Herkunft zu kennen, die Jüdin Esther. Sie war die Nichte des Mordechaj, dem Vorsitzenden des *Sanhedrin*. Gott machte das Komplott des Haman zunichte. An dem gleichen Galgen, den er für Mordechaj bestimmt hatte, wurde Haman selbst gehängt. Das jüdische Volk wurde von Königin Esther und Mordechaj gerettet. Dieser wurde danach anstelle Hamans zum Premierminister ernannt. Die vollständige Geschichte ist im Buch Esther nachzulesen.

Nach der Errettung des jüdischen Volkes beschlossen Mordechaj und Esther, dieses Datum, den 14. *Adar*, als Feier festzulegen.

Was bedeutet Purim?

Purim heißt „Auslosung", weil Haman das Datum für die Ausrottung des jüdischen Volkes ausgelost hat.

Wie wird Purim gefeiert?

Es gibt fünf kennzeichnende Gebote zu *Purim*:
- Das Buch Esther wird während des Gottesdienstes am Vorabend und am Morgen des 14. *Adar* gelesen.
- Seinen Freunden schickt man Lebensmittelgeschenke, die *Mischloach Manot* heißen.
- Spenden an Bedürftige
- Am Nachmittag findet ein Festmahl statt.
- Das Gebot, an *Purim* froh zu sein.

Außerdem wird am 13. *Adar*, also am Vortag von *Purim*, gefastet zur Erinnerung an das Fasten der Königin Esther zum Zeitpunkt der Ereignisse. Dieses Fasten nennt sich *Taanit Esther* (Esther-Fastentag).

Warum soll man an Purim seinen Freunden Lebensmittelgeschenke schicken?

An *Purim* sollte sich jeder freuen, um Gott seine Dankbarkeit für die Errettung des jüdischen Volkes zu zeigen. Da am Nachmittag ein Festmahl stattfindet, sollten Lebensmittel verschenkt werden, die fertig vorbereitet zum Verzehr geeignet sind. Es handelt sich dabei oft um Kuchen oder Obstkörbe, dazu eine Flasche guten Wein. Die Geschenke sollten an mindestens zwei Freunde verschickt werden und wenigstens zwei verschiedene Lebensmittel beinhalten. Im gleichen Sinne werden auch Spenden an Bedürftige verteilt,

86

damit auch sie sich an *Purim* erfreuen und sich eine Festmahlzeit leisten können.

Warum wird Purim auch als jüdischer „Karneval" bezeichnet?

Sich zu verkleiden vergrößert das Vergnügen und die Freude an *Purim*, besonders bei Kindern, die auf diese Weise aktiv an der Feier teilhaben können.

Das Buch Esther berichtet von „Mitjahadim", von Persern, die sich wie Juden verhalten haben, um die Rache seitens der Juden zu vermeiden. Das heißt, sie haben sich regelrecht verkleidet. Um sich an diese Tatsache zu erinnern, verkleidet man sich an *Purim*, und so kommt das Fest zu der Bezeichnung „Karneval".

Pessach, Erinnerung an den Auszug aus Ägypten

Was ist der Ursprung von Pessach?

Pessach ist ein biblisches und ein historisches Fest, das an die Sklaverei und deren Ende und an den Auszug der Juden aus Ägypten am 15. *Nissan* im Jahre 1312 v. Chr. erinnert.

Im letzten Jahr der Sklaverei bestrafte Gott Ägypten mit den zehn Plagen, die letzte war der Tod aller erstgeborenen Ägypter. Bevor Gott die letzte Plage schickte, befahl er allen Juden, sich beschneiden zu lassen, Lämmer zu opfern und deren Blut an die Türbalken ihrer Häuser zu streichen, als Zeichen für den Todesengel, vorüberzugehen und diese Häuser zu verschonen. *Pessach* ist Hebräisch für „vorübergehen".

Ist es so wichtig, sich nach über 3300 Jahren an das genaue Datum zu erinnern?

Ja, und zwar aus mehreren Gründen: Zum einem, um zu wissen, wann man *Pessach* feiern sollte, zweitens, weil wir die Verpflichtung haben, uns zu betrachten, als ob wir selbst aus Ägypten geführt wurden, denn wenn Gott nicht unsere Vorfahren gerettet hätte, wären wir heute noch unter dem Joch der Sklaverei in Ägypten. Drittens erinnert *Pessach* an die Geburt des jüdischen Volkes als freie Nation und ist somit eine Art religiöser Unabhängigkeitstag.

Vor über drei Jahrhunderten fuhr ein Schiff, die Mayflower, gen Neue Welt, was sowohl für England, als auch für Amerika ein großes Ereignis war. Wie viele Engländer oder Amerikaner sind heute noch in der Lage zu sagen, wann das Schiff in See gestochen ist, wie viele Passagiere an Bord waren oder gar, wovon sie sich während der Fahrt ernährt haben? Etwa 3000 Jahre zuvor sind die Juden aus Ägypten ausgezogen. Nichtsdestoweniger wissen alle Juden der Welt, egal ob in Russland, Amerika oder an irgendeinem anderen Ort, ganz genau, an welchem Tag dieses Ereignis stattgefunden hat: am 15. *Nissan*. Auch ist allen bekannt, wie groß die Anzahl unserer Vorfahren war und sogar, was sie gegessen haben: nämlich *Mazzot*. Bis heute essen alle Juden der Welt an diesem Tag *Mazzot* und erzählen von dem Auszug aus Ägypten. Sie beenden die jährliche Wiederholung dieser Erinnerungen, die in ihren Herzen immer weiter leben, mit dem Hoffnungsruf: „Nächstes Jahr in Jerusalem!"

Der Auszug aus Ägypten mit dem Erlangen der Unabhängigkeit und der Freiheit für das jüdische Volk und alle gedemütigten Menschen ist so wichtig, dass die

Tora dieses wichtige Ereignis sogar 50-mal wiederholt.

Wie lange dauert Pessach?

Pessach dauert in der Diaspora acht und in Israel sieben Tage. Die Tage werden in der Diaspora aufgeteilt in zwei Feiertage, vier Halbfeiertage und zwei Feiertage, in Israel ist das Verhältnis ein Feiertag, fünf Halbfeiertage und wieder ein Feiertag. Während dieser Tage ist es streng verboten, gewöhnliches Brot zu essen, stattdessen isst man *Mazzot* (Mazzen), das heißt ungesäuertes Brot.

Warum isst man während Pessach Mazzot?

In der Nacht des Auszugs aus Ägypten, als die Frauen den Teig kneteten, kam der Befehl, sofort aufzubrechen. Sie hatten gerade noch Zeit, den Teig in ein Tuch zu wickeln und über die Schulter zu legen. Der Teig konnte aber nicht mehr gesäuert werden. Als sie in der Wüste waren, backte die Sonne den Teig und machte ihn zu ungesäuertem Brot.

Darüber hinaus ist es wahrscheinlich, dass unsere Ahnen während der Sklaverei keine andere Möglichkeit hatten, Brot von besserer Qualität zu essen, so dass sie auf aus Sauerteig hergestelltes Brot verzichten mussten. In der *Haggada* von *Pessach* lesen wir über die *Mazzot*: „Dies ist das Brot der Armseligkeit, das unsere Vorfahren in Ägypten aßen." Zur Erinnerung an dieses Brot der Armseligkeit und an die Art und Weise, wie das letzte Brot gebacken wurde, befahl uns Gott, an *Pessach Mazzot* zu essen.

Was ist die Haggada?

Die *Haggada* bedeutet „Erzählung" und ist das Buch, in dem das Ritual und der Ablauf des *Seder* an *Pessach* niedergeschrieben wurde. Außerdem enthält die *Haggada*, die Geschichte des Auszug aus Ägypten, verschiedene Lobgebete und -gesänge an Gott für all die Wunder, die Er unseren Ahnen in Ägypten und bei der Befreiung bereitet hat.

Was ist der Seder?

Seder heißt „Ordnung". Nach den Gebeten der ersten beiden *Pessach*-Abende ist es üblich, das Abendessen in Form einer rituellen Zeremonie zu begehen. Jede Sache auf dem *Seder*tisch hat ihren Platz und ihre Bedeutung: die verschiedenen symbolischen Speisen auf der *Seder*schüssel, die Anzahl an *Mazzot*, die Anzahl an getrunkenen Weinbechern usw. Sogar der Ablauf des ganzen Abends ist im Einzelnen geordnet und vorgeschrieben.

In Israel wird selbstverständlich nur ein *Seder* abgehalten, aber mit denselben Ritualen wie in der Diaspora.

Jeder einzelne Teil des *Seders* und jede Symbolik ist dazu bestimmt, die Aufmerksamkeit der Kinder auf sich zu lenken, damit sie zunächst den ganzen Abend über wach bleiben und Fragen stellen. So können die Eltern auch ausführlich den Auszug aus Ägypten besprechen und sich daran erinnern.

Welche Speisen liegen in der Sederschüssel?

Es gibt ein Stück gegrillter Knochen mit etwas Fleisch, der Gottes „starke Hand und Seinen ausgestreckten Arm" symbolisiert, sowie ein gekochtes und gegrilltes

Ei, das für die Trauer über alle Opfer der ägyptischen Sklaverei steht. Darüber hinaus gibt es bittere Kräuter wie Meerrettich, die die bittere Zeit in Ägypten versinnbildlichen und einfaches Gemüse wie Chicorée oder Kartoffeln, das an die kargen Mahlzeiten der Sklaven erinnert. Außerdem gibt es noch ein Fruchtmus aus Äpfeln und geriebenen Nüssen mit Wein gemischt, das für den Lehm steht, aus dem die Ziegel für den Pyramidenbau hergestellt wurden. Ein bisschen Salzwasser verweist auf die vielen Tränen, die in der Zeit der Sklaverei vergossen wurden.

Wie verläuft der Seder?

Es gibt in Anlehnung an das Datum, den 15. *Nissan*, fünfzehn Teile des *Seder*. Der Beginn ist das *Kiddusch*, die Heiligung des Festes über den Wein. Die fünfzehn Teile des *Seder*, sowie alle übrigen Bräuche, sind in jeder *Haggada* niedergeschrieben. Um den Verlauf kurz zu fassen, gehen wir von drei Hauptpartien aus: die erste Partie, Ritualien mit Lesung der Geschichte und ihren Erläuterungen aus der *Haggada*, dann das Festessen mit dem *Afikoman* und dem Tischgebet, schließlich die weitere Lesung der Lobgesänge an Gott aus der *Haggada*. Im ersten und dritten Teil des *Seder* wird insgesamt vier Mal Wein getrunken.

Warum müssen vier Becher Wein getrunken werden?

In dem Text der *Tora* (Exodus, 6,6) über die Erlösung des jüdischen Volkes aus der Sklaverei in Ägypten benutzt Gott selbst vier unterschiedliche Ausdrücke: „Ich habe euch herausgeführt aus Ägypten, habe euch gerettet, euch erlöst und euch zu Mir als Mein Volk genommen." Für jeden dieser besonderen Ausdrücke und um unsere Freude über die Errettung zu zeigen, trinken wir einen Becher Wein.

Warum wird bei der Erwähnung der zehn Plagen jedes Mal ein Tropfen Wein mit dem Finger entnommen?

Man trinkt Wein zum Zeichen der Freude, so auch am *Seder*abend. Aber wenn es darum geht, die Opfer auf Seiten der Ägypter während der zehn Plagen zu erwähnen, dürfen wir uns nicht freuen, dass andere Geschöpfe Gottes, auch wenn sie unsere Feinde waren, gestorben sind. Daher müssen wir uns in unserer Freude einschränken und ein bisschen Wein aus unserem Becher entnehmen.

Was ist der Afikoman?

Afikoman stammt aus dem Griechischen und bedeutet „Speise, die als Dessert verzehrt wird". Der *Afikoman* ist die Hälfte von einer *Mazza*, die zu Anfang des *Seder* abgebrochen und für das Ende der Mahlzeit zur Seite gelegt wurde. Er wird an dieser Stelle in Erinnerung an das *Pessach*opfer gegessen. Oft verstecken Kinder den *Afikoman* und geben ihn erst gegen ein Versprechen für ein Geschenk zurück. Dies ist ebenfalls ein Brauch, um die Kinder den Abend über wach zu halten.

Was bedeutet der Becher des Propheten Elias?

Neben den vier Ausdrücken der Befreiung aus Ägypten gibt es einen fünften Spruch (Exodus, 6,7): „Ich werde euch in das Land bringen …" Die Rabbinen des

Talmud wussten nicht, ob dieser letzte Spruch mit den vier anderen zu verbinden sei und ob man also einen fünften Becher trinken sollte.

Immer wenn die Rabbinen des *Talmud* keine entscheidende Antwort auf eine Frage finden, schreiben sie, dass der Prophet Elias die Antwort geben wird. Deshalb heißt hier der fünfte Becher „Becher des Propheten Elias". Er steht auf dem Tisch, aber aus ihm wird nicht getrunken. Erst am nächsten Tag während des mittäglichen *Kiddusch* wird der Becher getrunken.

Der Prophet Elias gilt auch als Vorankündiger der Erlösung und der Ankunft des Messias.

Lag BaOmer und das Zählen der Omer-Zeit

Warum rasieren sich fromme Männer nicht nach Pessach? Und warum lassen sich fromme Menschen nicht die Haare schneiden?

Diese Zeit nach *Pessach* beginnt ab dem zweiten Tag von *Pessach* und dauert bis *Schawuot*, insgesamt 49 Tage. Sie wird als Trauerperiode bezeichnet in Erinnerung an die 24 000 Schüler von Rabbi Akiwa, die an einer Epidemie starben, weil ihnen der gegenseitige Respekt fehlte. Diese Periode heißt *Omer*. Der Überlieferung nach endete die Epidemie am 33. Tag des *Omer*, der *Lag BaOmer* genannt wird.

Während dieser Trauerphase ist es verboten, sich zu rasieren, sich die Haare zu schneiden, zu heiraten und sogar Musik zu hören. Der *Lag BaOmer*-Tag bildet eine der Ausnahmen zu diesen Maßregeln. *Lag BaOmer* wird als feierlicher Tag angesehen, deshalb wird er bevorzugt für Hochzeiten gewählt.

Was ist der Omer?

Der *Omer* war eine Opfergabe bestehend aus etwa fünf Pfund Gerstenmehl, die am zweiten *Pessach*tag zum Tempel in Jerusalem gebracht wurde. Außerdem wird der *Omer* als *Omer*periode in der *Tora* bezeichnet, während derer die Tage bis zum *Schawuot* gezählt werden müssen.

Diese Opfergabe, eigentlich der Erstling der Gerste, erlaubte dann das Verzehren der neuen Ernte. Die Tage bis *Schawuot* wurden gezählt, weil *Schawuot* das Erntefest der Gerste ist, denn solange die Ernte nicht offiziell begonnen ist, durfte man von der neuen Ernte noch nicht essen. Mit jener Opfergabe am zweiten Tag von *Pessach*, wurde das Verbot aufgehoben, und es konnte von der neuen Ernte gegessen werden.

Am nächsten Tag nach dem Auszug aus Ägypten hatte Gott Seinem Volk versprochen, dass es nach sieben Wochen die *Tora* erhalten werde. Daraufhin haben unsere Vorfahren in ihrer Erwartung auf das versprochene Geschenk begonnen, die Tage bis zu diesem Ereignis zu zählen. Aus dieser einmaligen *Mizwa* machte Gott eine ewige *Mizwa*, die auch heute noch zu erfüllen ist.

Darüber hinaus wird die *Omer*periode von unseren Gelehrten als Periode der Reinigung von der Unreinheit unserer Vorfahren, die sie beim Auszug aus Ägypten aufwiesen, bezeichnet. Von dieser Unreinheit mussten sie sich nach und nach befreien bis zu *Schawuot*, als sie am Berg Sinai die *Tora* empfingen. Erst später wurde die Trauerzeit mit der *Omer*periode verknüpft.

Warum spielen die Kinder an Lag BaOmer mit Pfeil und Bogen?

In den Jahren 118-121 n. Chr., also bevor die Epidemie ausbrach, kämpften die Schüler von Rabbi Akiwa gegen die Römer, die das Lernen der *Tora* in Israel verboten hatten. Als Waffen benutzten sie Pfeil und Bogen. In Erinnerung an ihre Heldentaten spielen jüdische Kinder an diesem Tag mit Pfeil und Bogen.

Welche sind die anderen Ausnahmen für die Maßregeln?

Die ersten Tage der Monate *Ijar* und *Siwan*, denn als Monatsbeginn wurden und werden diese Tage als Halbfeiertage verstanden. An diesen Tagen darf man heiraten, aber wer sich nicht unbedingt die Haare schneiden muss, sollte es unterlassen.

Schawuot, das Wochenfest

Was ist Schawuot?

Schawuot ist ein Wallfahrtsfest wie *Sukkot* und *Pessach* und fällt auf den 6. und 7. *Siwan*. In der Diaspora dauert das Fest zwei Tage und in Israel einen Tag, bzw. den 6. *Siwan*.

Was bedeutet der Name des Feiertages?

Schawuot heißt „Wochen", denn *Schawuot* ist sieben Wochen entfernt vom Beginn des *Pessach*.
Schawuot wird auch als „Zeit der Übergabe unserer *Tora*" bezeichnet, da sich an diesem Tag Gott auf dem

Sinai offenbart, die zehn Gebote gesprochen und insofern die *Tora* dem jüdischen Volk übergeben hat.

Schawuot wird auch *Schewuot* gelesen und bedeutet „Fest der Schwüre", denn als das jüdische Volk die *Tora* erhalten hatte, schwor es Gott und Seiner *Tora* ewige Treue.

Gibt es bestimmte Traditionen, die an Schawuot eingehalten werden?

Ja, zunächst wird der Vorabendgottesdienst erst nach Einbruch der Nacht abgehalten, damit die sieben Wochen des *Omer* vollständig sind.

Es ist üblich, in Erinnerung an unsere Vorfahren, die drei Tage und Nächte vor der Offenbarung gewacht haben, die erste Nacht des Festes zu wachen, bis zur Morgendämmerung die *Tora* zu lernen und gleich im Anschluss das Morgengebet zu sprechen. In diesem Gottesdienst wird der Auszug aus der *Tora*, der die Offenbarung Gottes und die zehn Gebote beschreibt, gelesen. Diejenigen, die nicht wach bleiben können, beten dann wie gewöhnlich am Morgen.

Darüber hinaus werden die Häuser und die Synagogen mit Pflanzen geschmückt. Diese Pflanzen stellen die Büsche des Berges Sinai zur Zeit der Offenbarung dar.

Warum isst man an Schawuot viele Milchspeisen?

Milch ist das Grundnahrungsmittel der Säuglinge und der Menschen. Die *Tora* wird als unser seelisches Grundnahrungsmittel bezeichnet. Um dieses darzustellen, ist es üblich, an *Schawuot* Milchprodukte zu essen.

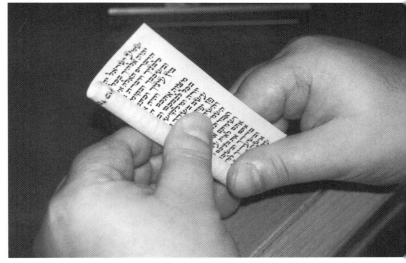

Ein *Mesusa*-Pergament wird gewickelt

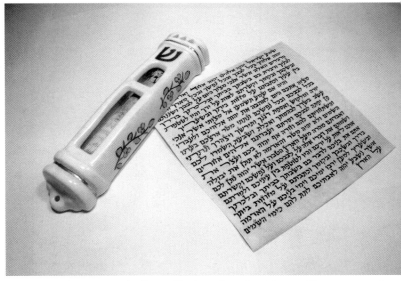

Links: Eine *Mesua* in ihrem Etui; rechts: das *Mesusa*-Pergament mit
Schema-Auszügen aus der *Tora*

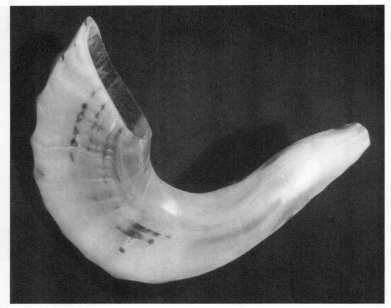

Ein *Schofar*

Drei verschiedene Kreisel aus Porzellan, Silber und Holz

Eine *Tora*-Einführung auf der Straße unter dem Baldachin

Links:
Ein *Chanukka*-Leuchter,
vorbereitet für den
achten Tag des
Chanukka-Festes

Unten:
Chanukka-Leuchter
(mit freundlicher
Genehmigung des Ems-
landmuseums, Lingen)

Zwei *Tallit* (Gebetsschal), links aus Seide und rechts ein chassidischer *Tallit* mit einer Stola aus Silber

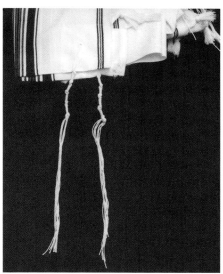

Die Fäden und Knoten der *Tzitzit*

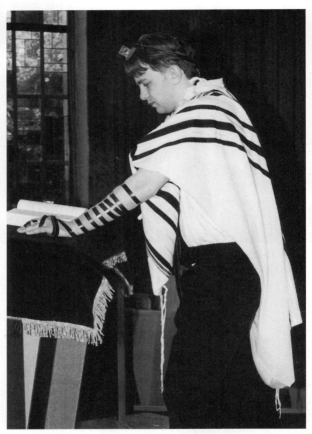

Junger Mann beim Beten mit *Tallit* und angelegten
Tefillin (Gebetsriemen)

Das Innere einer Synagoge mit der heiligen Lade und links der Estrade mit Lesetisch (mit freundlicher Genehmigung der „Communauté israélite orthodoxe de Bruxelles")

Links: Der Stuhl des Propheten Elias für die Beschneidungen (mit freundlicher Genehmigung der „Communauté israélite orthodoxe de Bruxelles")

Unten: *Seder*schüssel und Mazzendecke mit Mazzen für den *Seder*abend

Oben: Verschiedene Gewürzbüchsen für die *Hawdala* am Ende des *Schabbat* (mit freundlicher Genehmigung des Emsland-museums, Lingen)

Unten: Eine *Hawdala*kerze

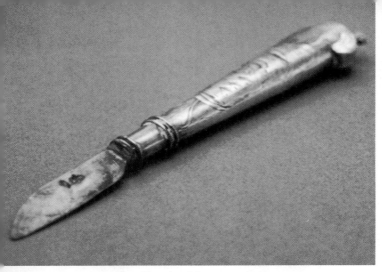

Altes Beschneidungsmesser
(mit freundlicher Genehmigung des Emslandmuseums, Lingen)

Magen

Eine *Mikwe*wanne
(mit freundlicher Genehmigung der
„Communauté israélite orthodoxe de Bruxelles")

Eine *Tora*rolle mit Zeigefinger

Links: Eine Krone als Schmuck für die *Tora*rolle
Rechts: Ein *Tora*schild und ein Zeigefinger aus Silber

Warum wird das Buch Ruth an Schawuot gelesen?

Das Buch Ruth beschreibt den Übertrittsprozess der Moabiterin Ruth zum Judentum. Genau wie sich unsere Ahnen am Sinai dem Joch Gottes unterworfen haben, hat auch Ruth die 613 Ge- und Verbote der *Tora* für sich angenommen. Außerdem war Ruth die Urgroßmutter von König David, der am *Schawuot*-Tag geboren und genau 70 Jahre später gestorben ist.

Die Fastentage

Welchen Sinn hat das Fasten?

Das Fasten ist eine Art Kasteiung, um uns unsere verschiedenen Sünden bereuen zu lassen und dient dazu, sie zu sühnen. Dieses Fasten soll unser Herz erweichen, sogar zerbrechen, damit wir besser büßen können. Damit einige Menschen ihr Fasten nicht übertreiben, haben unsere Weisen die Fastentage mit traurigen Ereignissen, die unseren Schmerz vergrößern, verbunden. In der *Tora* selbst gibt es nur einen vorgeschrieben Fastentag: *Jom Kippur*.

Welches sind die anderen Fastentage?

Es gibt vier Fastentage, die unmittelbar mit der Zerstörung des Tempels zu Jerusalem zusammenhängen.

- *Zom Gedalja*, der auf den 3. *Tischri* fällt, erinnert an die Ermordung des Gedalja, des Statthalters von Judäa während des babylonischen Exils im Jahr 380 v. Chr.

- Der 10. *Tewet*, zum Gedenken an die Belagerung Jerusalems durch Nebukadnezar um 425 v. Chr.
- Der 17. *Tamus*, an dem 68 n. Chr. die Römer eine erste Bresche in die Mauer des zweiten Tempels von Jerusalem schlugen.
- Der 9. *Aw* erinnert an die Zerstörung beider Tempel in den Jahren 423 v. Chr. und 68 n. Chr.

Außerdem gibt es noch einen festgelegten Fastentag am 13. *Adar*, der *Taanit Esther* (Fastentag der Esther) heißt.

Was bedeutet fasten?

Fasten bedeutet, vom Anfang bis zum Ende des Fastentages gar nichts zu essen oder zu trinken. Das Fasten endet abends mit dem Erscheinen der ersten Sterne und beginnt normalerweise mit der Morgendämmerung. Als Ausnahme gilt der 9. *Aw*, der schon am Vorabend mit dem Sonnenuntergang anfängt. An diesem Tag ist das Fasten viel strenger, vergleichbar mit *Jom Kippur* ist ebenfalls das Tragen von Lederschuhen untersagt.

Wer soll fasten?

Jeder, egal ob Mann oder Frau, ist verpflichtet zu fasten. Vom Fasten befreit sind Kranke, Mütter während der Stillzeit sowie Kinder, die noch nicht die religiöse Volljährigkeit erlangt haben. Wenn Kinder versuchen, wenigstens einige Stunden zu fasten, ist ihr Verdienst umso größer.

Alltagsleben

Die Kippa und die Kopfbedeckung der Frauen

Was bedeutet die Kippa?

Die *Kippa* heißt auf Deutsch „Käppchen" und ist eine Kopfbedeckung für Jungen und Männer. Die Jungen sollen sie ab dem dritten Lebensjahr und von diesem Zeitpunkt an von morgens bis abends tragen.

Das Tragen der *Kippa* symbolisiert durch etwas Materielles, dass wir durch Gott, den Allmächtigen begrenzt sind. Darüber hinaus sollen wir immer daran erinnert werden, dass es über uns ein Auge gibt, das sieht, was wir tun, ein Ohr, das hört, was wir sagen und einen Verstand, der weiß, was wir denken, und dass wir Gott gefallen sollen durch unsere Taten, unsere Worte und unsere Gedanken. Außerdem zeigt das Tragen der *Kippa* unsere Demut, unseren Respekt und unsere Ehrfurcht vor Gott.

Wann wurde das Tragen der Kippa eingeführt?

Man weiß nicht genau, wann die *Kippa* eingeführt wurde, aber schon im *Talmud* (Traktat Schabbat 1186) wird über Rabbi Chuna Ben Jehoschua berichtet, der sagte: „Ich bin nie vier Ellen weit mit unbedecktem Kopf gegangen, denn Gott weilt über meinem Kopf."

Ursprünglich trugen die Männer die *Kippa* nur während bestimmter Zeiten: wenn sie beteten, die *Tora* lernten oder aßen, da das Essen mit einem Dankesopfer verglichen wird und vor und nach dem Essen Segenssprüche gesagt werden sollen.

Erst in den letzten Jahrhunderten wurde die *Kippa* den ganzen Tag lang von den Männern getragen.

Warum tragen Frauen keine Kippa?

Die Rabbiner des *Talmud* haben die Frauen von allen Geboten, die mit der Zeit in Verbindung stehen, befreit, das heißt auch von Gebeten und vom *Tora*-Lernen. Bei diesen Geboten gibt es allerdings drei Ausnahmen, nämlich *Nida*, die Verpflichtung in der *Mikwe* einzutauchen, *Challa*, die Verpflichtung, ein kleines Stück des Teiges beim Brotbacken zu entfernen und *Hadlakat Haner*, das Entzünden der *Schabbat*-Kerzen.

Da die *Kippa* eine sine-qua-non-Bedingung war, um die *Tora* zu lernen und zu beten, ist es selbstverständlich, dass Frauen auch von diesen Geboten entbunden wurden. Auch wenn sie freiwillig beten und die *Tora* lernen wollen und dürfen, sollen sie keine *Kippa* tragen.

Warum tragen manche Frauen dann auch eine Kopfbedeckung?

Verheiratete Frauen sollen ihr Haar in der Öffentlichkeit bedecken. Das kann entweder mit einem Tuch, einem Hut oder einer Perücke geschehen. In den streng religiösen Kreisen bevorzugen die Frauen, in der Öffentlichkeit eine Perücke und zu Hause ein Tuch zu tragen.

Fälschlicherweise wird immer wieder gesagt, dass dieses dazu dienen soll, die Frauen weniger attraktiv erscheinen zulassen.

Eigentlich haben unsere Weisen das Haar der Frauen immer mit deren Sexualität und Intimität assoziiert.

Die Schönheit der Frau durch ihr Haar soll der persönliche Besitz ihres Ehemannes sein, für den Genuss in der Intimität. Wenn sie vor anderen Männern erscheint, soll sie ihren Kopf bedecken.

Die Kopfbedeckung der Frau ist ein Zeichen der Bescheidenheit und ein Mittel, um das Begehren anderer Männer zu vermeiden.

Die verschiedenen Leuchter

Welche Leuchter gibt es?

Zunächst gibt es die *Schabbat*leuchter. Jede Hausherrin zündet mindestens zwei Kerzen an. Sie kann dafür zwei einzelne oder einen Doppelleuchter verwenden. Es gibt die Tradition, dass für jedes Kind im Hause eine Kerze zusätzlich angezündet wird.

Weitere Leuchter sind die *Menora* und der *Chanukka*leuchter. Der *Chanukka*leuchter hat neun Arme und wird während des *Chanukka*festes benutzt. Die *Menora*, eine Nachbildung der *Menora* im ehemaligen Tempel zu Jerusalem, hat sieben Arme und ist einfach ein Schmuckstück, das zu Feierlichkeiten angezündet werden darf.

Darüber hinaus gibt es das *Johrzeit*licht.

Was ist das Johrzeitlicht?

Das *Johrzeit*licht ist kein Leuchter, sondern Wachs oder Öl mit einem Docht in einem Glas oder einem Gefäß aus Blech. Das *Johrzeit*licht brennt üblicherweise 24 bis 26 Stunden und wird am *Johrzeit*tag, vor *Jom Kippur* und an den Tagen, an denen in der Synagoge der Toten gedacht wird, angezündet. (siehe auch Kapitel „Tod und Trauer")

Wo werden die Schabbat- und Chanukkaleuchter angezündet?

Die *Schabbat*lichter werden auf dem Tisch, an dem das *Schabbat*mahl eingenommen wird, entzündet. Die *Chanukka*leuchter werden neben dem Fenster, das zur Straße geht, angezündet, damit diejenigen, die vorübergehen, die Lichter sehen können. Falls man so weit oben wohnt, dass die Lichter von der Straße aus nicht zu sehen sind, wird der Leuchter neben der Eingangstür des Wohnzimmers oder der Wohnung gegenüber der *Mesusa* entzündet. Das Wichtigste bei den *Chanukka*lichtern ist, das Wunder der *Chanukka* nach außen hin sichtbar zu machen.

Die Mikwe oder das Geheimnis der Weiblichkeit

Was ist eine Mikwe?

Die *Mikwe* ist ein rituelles Tauchbad und bedeutet wörtlich übersetzt „Wasseransammlung". Es ist in erster Linie für Frauen bestimmt, die nach ihrer Menstruation vom Zustand des Unreinen wieder zur göttli-

102

chen Reinheit zurückgelangen sollen. Das Wasser dieses Tauchbades sollte „lebendiges", wie zum Beispiel Regen- oder Flusswasser und nicht geschöpftes Wasser sein.

Wann müssen die Frauen in die Mikwe gehen?

Theoretisch einmal im Monat. Am siebten Tag nach dem Ende ihrer Monatsblutung dürfen sie nach Sonnenuntergang die *Mikwe* betreten. Dies Gebot gilt nur für verheiratete Frauen. Zum ersten Mal geht eine Frau einige Tage vor ihrer Hochzeit in die *Mikwe*. Auch sollten Frauen nach jeder Niederkunft in die *Mikwe* eintauchen.

Ist es sehr wichtig, dass eine Frau in die Mikwe geht?

Die Nutzung der *Mikwe* ist untrennbar mit den Gesetzen für das Familienleben (*Taharat Hamischpacha*) verbunden. Für das orthodoxe Judentum ist die *Mikwe* von fundamentaler Bedeutung. Orthodoxe Gemeinden bauen immer zuerst eine *Mikwe*, noch bevor der Grundstein für die Synagoge gelegt wird.

Was sind die Gesetze der Taharat Hamischpacha?

Der Begriff *Taharat Hamischpacha* bedeutet „Familienreinheit" und schreibt die Beziehungen zwischen Ehepartnern vor. Der Menstruationszyklus der Frau bestimmt das Eheleben, indem er den Monat in „reine" und „unreine" Tage einteilt. Vom ersten Tag der Blutungen an dürfen Mann und Frau keinen Geschlechtsverkehr haben und sollten auch sonst versuchen, körperlichen Kontakt zu vermeiden. Zum Beispiel sollten sie nicht in einem Bett schlafen oder dieselben Gegenstände gleichzeitig bzw. zusammen berühren. Nach dem Ende der Blutungen sollte diese körperliche Trennung noch sieben Tage lang weiter eingehalten werden. Die Frau gilt bis nach ihrem Bad in der *Mikwe* als „unrein" (*Nida*).

Das Auftauchen aus der *Mikwe* stellt in der Beziehung zwischen Mann und Frau einen Neuanfang dar. Sowohl die Zeit der körperlichen Trennung als auch der Besuch der *Mikwe* dienen der Vorbereitung auf das erneute Beisammensein. Die sexuelle Vereinigung kommt so einem geweihten Akt gleich, der symbolisch auch für die Vereinigung mit Gott steht. Die Sexualität der Ehepartner erhält einen besonderen Stellenwert, die Frau wird nicht als Objekt betrachtet, dessen man sich bedienen kann, wann immer man will. Daher sollte das Paar den Abend nach dem *Mikwe*bad ganz für sich allein haben.

Bedeutet einer gläubigen Frau das Eintauchen in die Mikwe viel?

Viele Frauen haben erklärt, weshalb die *Mikwe* für sie von großer Bedeutung ist. Für sie ist das Eintauchen in die *Mikwe* wie eine Rückkehr in den Mutterleib. Die *Mikwe* ist das Leben, es ist wie das Fruchtwasser der Gebärmutter, in dem der Fötus lebt und sich entwikkelt. Wenn das Baby aus dem Fruchtwasser auftaucht, ist es lebendig. Das Gleiche gilt für eine jüdische Frau, wenn sie aus der *Mikwe* auftaucht: sie ist verjüngt, voller Eifer, Gott zu dienen. Auch kann sich eine Frau sicher sein, dass sie gesunde Kinder haben wird, wenn sie regelmäßig zur *Mikwe* geht.

104

Was machen Frauen, wenn es keine Mikwe in ihrer Gemeinde gibt?

Sie können nicht von dieser *Mizwa* befreit werden, sondern müssen entweder in einen Fluss eintauchen oder in eine andere Stadt fahren, in der es eine *Mikwe* gibt.

Könnte nicht eine Dusche oder ein normales Bad das Eintauchen in die Mikwe ersetzen?

Nein, denn bereits vor dem Eintauchen muss die Frau sich gründlich gewaschen haben. Es handelt sich bei der *Mikwe* nicht um Sauberkeit, sondern um Reinheit. Die *Mikwe* stellt für uns eine der am wenigsten rationalen *Mizwot* dar. Selbst wenn man nicht verstehen kann, was eine *Mikwe* bedeutet, sollte man akzeptieren, dass die *Mikwe* von größter Wichtigkeit für fromme jüdische Frauen ist.

Dient die Mikwe noch zu einem anderen Zweck?

Ja. Vor den Feiertagen wird das Tauchritual auch Männern empfohlen. Viele *Chassidim* gehen sogar jeden Morgen vor dem Gottesdienst zur *Mikwe*.
Außerdem werden neuerworbene Küchenutensilien und Geschirr mit in die *Mikwe* genommen. Schließlich gehen die Kandidaten, die zum jüdischen Glauben übertreten wollen, in die *Mikwe*. Dies ist dann der letzte und endgültige Schritt ihrer Konversion.

Die Synagoge

Was bedeutet das Wort Synagoge?

Das Wort „Synagoge", das griechischen Ursprungs ist und auf Hebräisch *Bet Knesset* heißt, bedeutet, ebenso wie das lateinische Wort „ecclesia" (auf Deutsch „Kirche"), „Haus der Versammlung".
Napoleon führte den griechischen Begriff im Zuge der Anerkennung der jüdischen Religion ein, da der lateinische Begriff „ecclesia" bereits für die Kirche verwendet wurde.

Wann sind die ersten Synagogen entstanden?

Die ersten Synagogen wurden nach der Zerstörung des ersten Tempels als dessen Ersatz im Jahre 3338 nach der Schöpfung (423 v. Chr.) gegründet.
Da das Opfern nur in dem Tempel von Jerusalem erlaubt war, wurde es durch Gebete ersetzt. Allerdings scheint es schon etwas früher einige Synagogen außerhalb Jerusalems gegeben zu haben, da nicht alle Gläubigen zu den Festen nach Jerusalem pilgern konnten.
In Erinnerung an den Tempel, in dem Tag und Nacht ein ewiges Feuer brannte, gibt es in allen Synagogen der Welt ein ewiges Licht (auf Hebräisch *Ner Tamid*), welches das ganze Jahr über, Tag und Nacht, leuchtet. Früher war das ewige Licht ein Gefäß mit Öl und einem Docht, später wurde es durch große Kerzen ersetzt und heutzutage benutzt man elektrisches Licht und Glühbirnen.

Wie sind die Synagogen aufgebaut?

Die Synagogen sind zweigeteilt: ein Hauptraum für die Männer und eine Abteilung für die Frauen, die sich generell in der ersten Etage befindet, wie ein Balkon und Frauen-Empore heißt. Während des Gottesdienstes werden also die Männer von den Frauen getrennt. Diese Trennung geht auf eine uralte Tradition zurück, die schon zu der Zeit des Tempels praktiziert wurde, da die Frauen von den verschiedenen Geboten, die mit der Zeit in Verbindung stehen, befreit wurden.

Synagogen sind nach Osten ausgerichtet, also in die Richtung Jerusalems. Das ewige Licht befindet sich an der Ostwand der Synagoge. Ebenso an der Ostwand befindet sich die heilige Lade (auf Hebräisch *Aron Hakodesch*), in der die *Tora*rollen aufbewahrt werden.

Die *Tora*rollen werden an jedem *Schabbat*, an Fasten- und Feiertagen, ebenso wie montags- und donnerstagmorgens herausgehoben und auf einen dafür bestimmten Tisch, den *Schulchan*, gelegt, damit der Vorbeter einen Auszug aus ihnen lesen kann. Dieser Tisch befindet sich generell in der Mitte der *Synagoge* auf einer kleinen Estrade (*Bima*), so dass alle Anwesenden einen guten Blick auf die *Tora* haben. Außerdem steht vorne in der Synagoge ein Lesepult (*Amud*), von wo der Vorbeter den Gottesdienst vorträgt.

Synagogen sind sehr schlicht und ohne jegliche Dekoration, da Gott einen schlichten und demütigen Gebetsort bevorzugt, an dem sich arme und reiche Menschen wohlfühlen können.

Gebetbücher und Gebete

Wie sind die ersten Gebete und Gebetbücher entstanden?

Die ersten Gebete, abgesehen von den Psalmen König Davids, wurden von den Propheten Esra und Nehemia verfasst als Ersatz für die Opfer, welche nur im Tempel stattfinden durften. Auf diese Weise sind die ersten Gebetbücher entstanden. Im Laufe der Jahrhunderte wurden immer mehr Gebete hinzugefügt, bis zu Rabbi Amram Gaon, der das erste strukturierte Gebetbuch im Jahr 1040 n. Chr. erstellte.

Rabbi Nehorai vollendete Rabbi Amram Gaons Gebetbuch am Anfang des 17. Jahrhunderts. Bis zum heutigen Tag gilt es als definitive Form des Gebetbuches. Rabbi Nehorai teilte das Gebetbuch in zwei Teile: Der erste Teil heißt *Siddur* (vom hebräischen *Seder*, was „Ordnung" bedeutet). Er enthält die Gebete für Wochentage und *Schabbat*, die in einer bestimmten Ordnung strukturiert sind. Der zweite Teil wird *Machsor* genannt, was „zurückkommender Zeitraum" bedeutet. Er beinhaltet alle Gebete für die einzelnen Feiertage.

Welche sind die wichtigsten Gebete im Judentum?

Der Psalm 145, das Glaubensbekenntnis *Schema*, das sogenannte Achtzehnbittgebet und das Schlussgebet *Alenu*. Letzteres wurde vom Propheten Jehoschua verfasst, als Jericho und das Land Kanaan erobert wurden.

Warum ist der Psalm 145 ein so wichtiges Gebet?

Dieser Psalm ist ein Lobgesang auf Gott und enthält den Vers 16, der die Großzügigkeit Gottes betont: „Er öffnet seine Hand und sättigt alle Lebenden." Unsere Weisen haben gesagt, dass derjenige, der dreimal am Tag diesen Psalm betet, seinen Lebensunterhalt gesichert sehen wird. Daher ist dieses Gebet so wichtig.

Wirkt es denn wirklich auf so magische Weise?

Im Prinzip schon, aber die Erfüllung unserer Gebete entspricht vielleicht nicht immer unseren eigenen Wünschen. Wir müssen wissen, dass das Gebet nicht eine bloße tägliche Übung oder eine Pflicht ist, die man schnell hinter sich bringen muss. Gott hört alle Gebete, aber nichts zwingt Gott dazu, eine Bitte zu erfüllen. Unsere Worte, die wir an Ihn richten, befinden sich auf einem anderen Niveau als das, was Gott uns bereithält. Wenn wir aber das Gefühl haben, dass Gott nicht auf unsere Gebete antwortet, sollten wir uns an unsere Kindheit erinnern, als wir unsere Eltern um etwas baten. Da verweigerten diese uns auch manchmal etwas, oder sie antworteten einfach nicht. Das Schweigen Gottes kann als ein solches „Nein" verstanden werden, schließlich ist Gott unser aller himmlischer Vater.

Wie wird das Glaubensbekenntnis im Schema ausgedrückt?

Die klassische Übersetzung des *Schema* lautet: „Höre Israel, der Ewige ist unser Gott, der Ewige ist einzig." Das orthodoxe Judentum übersetzt es lieber folgenderweise: „Höre Israel, *Haschem* ist unser Gott,

Haschem ist einzig", da das orthodoxe Judentum die Benennung Gottes mit *Haschem* vorzieht. Dieser erste Satz stellt das Glaubensbekenntnis dar. Der zweite Satz des *Schema* lautet: „Du wirst *Haschem*, deinen Gott mit ganzem Herzen, mit ganzer Seele und mit allen Mitteln lieben." Das heißt, dass das Glaubensbekenntnis nicht nur rhetorisch ist, sondern auch eine materielle Verpflichtung darstellt. Dieser materielle Einsatz kann sogar das Leben oder das Vermögen des Einzelnen fordern.

Der *Talmud*, Traktat Berachot 61b, erzählt, wie Rabbi Akiwa sich freute, seinem Schöpfer seine Seele wiederzugeben, also zu sterben, auf diese Weise aber Gott treu zu bleiben. Während er gefoltert wurde, hörte er nicht auf, das *Schema* zu wiederholen, bis seine Seele seinen verwundeten Körper verließ.

Warum heißt es Achtzehnbittgebet?

Dieses Gebet war ursprünglich das Kerngebet des Gottesdienstes und beinhaltet 18 Bitten. Dabei handelt es sich sowohl um persönliche Bitten als auch um Bitten für die Gemeinschaft und für Israel. Das Gebet, das schon im *Talmud* erwähnt wird, war schon früh sehr bekannt. Im 2. Jahrhundert fügten die Rabbinen aufgrund der Vermehrung verschiedener Sekten und der Abspaltungen vom Judentum eine zusätzliche Bitte hinzu. Das Achtzehnbittgebet wurde so zu einem „Neunzehnbittgebet", es behielt aber seinen Namen.

Es gibt eine Überlieferung im *Midrasch*, dass Awraham das Morgengebet festgelegt hat, Jizchak das Nachmittagsgebet und Jaakow das Abendgebet. In dem gesamten Text der *Tora* werden 18 Mal die Namen der drei Vorfahren zusammen erwähnt, daher

werden die dreimal täglich gesprochenen Achtzehn-
bittgebete unseren Vorfahren zugeschrieben.

Warum ist das Alenu als Schlussgebet so wichtig?

Das *Alenu*-Gebet ist ebenfalls ein Glaubensbekenntnis,
das während der Eroberung Jerichos vom Propheten
Jehoschua verfasst wurde. Sein Inhalt lautet: „Wir
müssen uns vor der Allmacht des Königs aller Könige
niederwerfen."
Es ist angebracht, jedes Gebet und jeden Gottesdienst
mit einem Glaubensbekenntnis als einer Form des
Lobes zu beenden, nachdem man seine Gebete und
Bitten an Gott gerichtet hat.

In welcher Sprache wird gebetet?

Das Beten sollte auf Hebräisch erfolgen. Derjenige,
der Hebräisch nicht versteht, es aber lesen kann, sollte
zuerst eine Übersetzung in seiner Sprache lesen und
dann auf Hebräisch beten. Derjenige, der Hebräisch
nicht lesen kann, darf in einer Übersetzung beten. Das
Schema muss allerdings auf Hebräisch gesagt werden.
Der Vorbeter sollte auf jeden Fall das ganze Gebet auf
Hebräisch lesen. Ebenso muss die *Tora*lesung auf
Hebräisch erfolgen. Heutzutage gibt es auch Gebetbücher, die transliteriert sind, mit lateinischen und sogar
mit kyrillischen Buchstaben.

Wie oft betet man am Tag?

Grundsätzlich gibt es drei tägliche Gebete oder Gottesdienste. Das Morgengebet *Schacharit*, das Nachmit-

tagsgebet *Mincha* und das Abendgebet *Arwit* oder *Maariw*.

Es gab ein zusätzliches Opfer, das *Mussaf* genannt wurde, welches an Feiertagen, am *Schabbat* und am ersten Tag jeden Monats begangen wurde. Da die Gebete die Opfer ersetzten, steht das *Mussaf*-Gebet für das *Mussaf*-Opfer.

Jom Kippur ist das einzige Fest, an dem es außer den vier genannten Gebeten noch ein fünftes gibt, das *Neila*, welches „Schlussgebet" bedeutet.

Muss man unbedingt an einem Gottesdienst teilnehmen oder darf man auch alleine zu Hause beten?

Da, wo es unmöglich ist, an einem gemeinschaftlichen Gebet teilzunehmen, kann man alleine zu Hause beten. Um einen Gottesdienst veranstalten zu können, benötigt man einen *Minjan*, eine Gruppe von zehn Männern über 13 Jahren. Falls es diese nicht gibt, darf man weder das *Keduscha*-Gebet noch das *Kaddisch* sprechen. Ebenso ist es verboten, aus der *Tora* zu lesen sowie das Achtzehnbittgebet zu wiederholen.

Was sind das Kaddisch und die Keduscha?

Das *Kaddisch* ist ein Gebet zur Heiligung Gottes, welches in der Synagoge gesprochen wird. Es ist außerdem das Gebet für den Seelenfrieden der Verstorbenen.

Die *Keduscha* ist ebenfalls ein Heiligungsgebet. Es wird während der Wiederholung des Achtzehnbittgebetes gesprochen. Ursprünglich war die *Keduscha* das Lobgebet der Engel für Gott.

Wie wird ein Gottesdienst abgehalten?

Wie bereits erwähnt sind die verschiedenen Gebete in einer bestimmten Ordnung strukturiert. Sie befinden sich im Gebetsbuch *Siddur*. Der Gottesdienst setzt sich zusammen aus: Dankgebeten, Lobgebeten und Psalmen, dem *Schema*, dem Achtzehnbittgebet, seiner Wiederholung durch den Vorbeter, einer *Tora*lesung an bestimmten Tagen, und dem Schlussgebet *Alenu*. Die Gebete werden von allen Anwesenden leise gesprochen und nur der Vorbeter spricht im Anschluss daran die letzten Sätze eines jeden Gebetes laut.

An welchen Tagen wird aus der Tora gelesen?

Der wöchentliche Abschnitt wird an jedem *Schabbat*morgen gelesen. Am *Schabbat*nachmittag, sowie Montag- und Donnerstagmorgen wird jeweils ein kleiner Auszug aus dem Abschnitt des kommenden *Schabbat* gelesen. Außerdem liest man auch am ersten Tag jeden Monats und an jedem Festtag aus der *Tora*. Am *Schabbat*morgen werden acht Personen aufgerufen, einen Segensspruch über die *Tora* zu sprechen, an Wochentagen nur drei Personen, am ersten Tag des Monats vier, an Feiertagen sechs und an *Jom Kippur* sieben.

Wie lange dauert ein Gottesdienst?

Aufgrund des zweimaligen Sprechens des Achtzehnbittgebetes, der *Tora*-Lesung und der Tatsache, dass der Vorbeter darauf wartet, dass alle das Gebet gesprochen haben, um die letzten Sätze des Gebets laut zu wiederholen, dauert ein Gottesdienst am *Schabbat*morgen durchschnittlich zwischen zwei und drei Stunden. Der wöchentliche Morgengottesdienst dauert generell dreißig bis fünfundvierzig Minuten, aber wenn man alleine zu Hause betet, kann man es innerhalb einer Viertelstunde beenden.

Tallit und Tzitzit, die Schaufäden

Was ist ein Tallit?

Der *Tallit* oder Gebetsschal ist ein viereckiges Gewand, mit dem die Männer sich für das Morgengebet umhüllen, gleichgültig, ob sie alleine zu Hause oder in der Synagoge beten. An jeder der vier Ecken des Schals hängen *Tzitzit* (Schaufäden), die auf eine besondere Art geknotet sind, so dass acht einzelne Fäden am Ende hängen.

Was ist ein Tzitzit?

Ein *Tzitzit* (Schaufaden) besteht aus vier Fäden, die doppelt gelegt werden. Die beiden Hälften werden verknotet, dann werden sieben Fäden mit einem längeren Faden mehrmals umwickelt. Dieser Prozess wird mehrmals wiederholt, so dass man fünf Doppelknoten erhält.

Warum muss man den Tallit mit den Tzitzit tragen?

Das Gebot, *Tzitzit* zu tragen, steht im 4. Buch Mosche (15,37-39). Der *Tallit* mit den *Tzitzit*, der uns während des Gebets bedeckt, symbolisiert den Schutz Gottes, der uns umgibt und uns unser ganzes Leben lang begleitet. Außerdem sollen die *Tzitzit* uns eine Mahnung sein, die 613 Gebote und Verbote der *Tora* einzuhalten.

Wie können die Tzitzit uns an die 613 Gebote und Verbote der Tora mahnen?

Im hebräischen Alphabet wird jedem Buchstaben ein Zahlenwert zugeordnet. Addiert man die Zahlenwerte der fünf Buchstaben des hebräischen Wortes *Tzitzit*, so erhält man als Summe 600. Wenn man hierzu noch die Anzahl der Doppelknoten, also fünf, und die Anzahl der Fäden, also acht, zählt, so erhält man die Summe 613. Diese Zahl symbolisiert alle Gebote und Verbote der *Tora*. Der *Talmud*, Traktat Menachot 44a, überliefert die Geschichte eines Mannes, der seine *Tzitzit* erblickte, als er sich bei einer Prostituierten auszog. Da er sich an die Gebote und Verbote der *Tora*, unter anderem bezüglich verbotener Beziehungen, erinnert fühlte, nahm er von seinem Vorhaben Abstand. Die Geschichte hat ein „Happy End": Die Prostituierte gab ihre Tätigkeit auf, konvertierte zum Judentum und durfte den Mann heiraten.

Wann muss man den Tallit anlegen?

Wie schon beschrieben, wird das Gewand während des Morgengebets getragen. Es gibt ein weiteres Gebot, das vorschreibt, den ganzen Tag über einen kleinen *Tallit* zu tragen. Dieser kleine *Tallit* wird auch *Tzitzit* genannt und hat in seiner Mitte ein Loch, so dass er über den Kopf gezogen und den ganzen Tag über getragen werden kann. Manche tragen ihn unter dem Hemd, andere darüber. Die *Tora* empfiehlt, dass man die Schaufäden sehen sollte. Daher trugen die Männer früher den ganzen Tag über den großen *Tallit*. Erst später wurde der kleine *Tallit* eingeführt. Selbst wenn man den kleinen *Tallit* unter dem Hemd trägt, wird empfohlen, die Fäden über der Hose hängen zu lassen, damit sie sichtbar sind. Nur wenn man auf den Friedhof geht, trägt man die *Tzitzit* nicht über der Hose.

Wer trägt den Tallit und die Tzitzit?

Nur Männer tragen *Tallit* und *Tzitzit*. Was den großen *Tallit* angeht, gibt es verschiedene Traditionen: Die *sephardischen* Juden hüllen sich ab der *Bar-Mizwa* in den *Tallit* und die *aschkenasischen* Juden nach ihrer Hochzeit. Was den kleinen *Tallit* angeht, so wird dieser bereits ab dem dritten Lebensjahr getragen, bei den *Chassidim* sogar ab der Geburt. Obwohl sie dazu noch nicht verpflichtet sind, gewöhnt man die Kinder schon früh daran, diese leichte *Mizwa* zu erfüllen.

Tefillin, die Gebetsriemen

Was sind die Tefillin?

Die *Tefillin* heißen auf Deutsch „Gebetsriemen". Es handelt sich um zwei Lederkästchen, die durch Lederriemen verlängert werden. In jedem Kästchen befinden sich Pergamente mit Auszügen aus der *Tora*, in denen das Gebot des Anlegens der *Tefillin* geschrieben steht. Einer der *Tefillin* wird um den linken Arm gewickelt und heißt *Tefillin schel jad* (Hand*tefillin*). Der andere *Tefillin* wird um den Kopf gelegt, so dass sich das Lederkästchen oberhalb des Haaransatzes befindet. Er heißt *Tefillin schel rosch* (Kopf*tefillin*).

Was ist der Sinn der Tefillin?

Die Pergamente der *Tefillin* enthalten die Auszüge aus der *Tora*, in denen die Grundlagen des Judentums und somit die Einzigartigkeit Gottes, die Unterwerfung unter die göttlichen Gebote, die Vorsehung Gottes und das Vertrauen in die Erlösung der Welt zugrunde gelegt sind.

Wenn man in dem Alter ist, die *Tefillin* zu tragen, heißt das, dass man in der Lage ist, sich mit seinem Herzen, seiner Kraft und seinem Geist an Gott zu binden.

Wer muss die Tefillin anlegen?

Jeder volljährige jüdische Mann, das heißt nach der *Bar-Mizwa* mit 13 Jahren. Die *Tefillin* werden sowohl beim gemeinsamen Beten in der Synagoge als auch beim Beten zu Hause angelegt.

Wann legt man die Tefillin an?

Die *Tefillin* werden jeden Morgen für das Morgengebet angelegt, außer an *Schabbat* und an Feiertagen.

Warum werden die Tefillin nicht am Schabbat angelegt?

Drei Dinge werden in der *Tora* als Bundeszeichen genannt: die *Brit Mila* (Beschneidung), die *Tefillin* und der *Schabbat*. Wir drücken diesen Bund zwischen Gott und dem jüdischen Volk während der Woche aus, indem wir die *Tefillin* tragen. Da der *Schabbat* bereits selbst ein Symbol dieses Bundes darstellt, ist es überflüssig, die *Tefillin* an diesem Tag anzulegen.

Wie werden die Tefillin angelegt?

Die *Tefillin schel jad* werden zuerst angelegt. Dabei
wird das Kästchen auf dem linken Arm platziert, so
dass es in die Richtung des Herzen weist, also fast auf
der Innenseite des Armes. Man sagt den entsprechenden Segensspruch und wickelt den Riemen siebenmal
um den Unterarm. Linkshänder wickeln die *Tefillin* um
den rechten Arm. Dann legt man die *Tefillin schel
rosch* auf den Kopf und spricht den dazu passenden
Segen. Danach wickelt man die *Tefillin schel jad* um
die Hand und den Mittelfinger. Diejenigen, die sich in
einen Gebetsschal hüllen, müssen dies zuerst tun und
den entsprechenden Segensspruch sagen. Am Ende des
Gebetes entfernt man die *Tefillin* zuerst von der Hand
bis zum Gelenk, dann die *Tefillin schel rosch* und
schließlich den restlichen Hand*tefillin*. Schließlich legt
man den Gebetsschal ab. Die *Tefillin* werden in einer
speziellen Hülle aufbewahrt.

*Wenn das Anlegen der Tefillin an sich schon eine
Mizwa darstellt, warum muss man dann noch einen
entsprechenden Segen sprechen?*

Die *Mizwa* ist in der Tat schon erfüllt, wenn man die
Tefillin anlegt. In einer *Mizwa* wie dieser ist immer
etwas Göttliches enthalten. Es kommt aber vor, dass
man durch die tägliche Wiederholung einer *Mizwa* das
ihr Wesentliche vergisst und so dieses Göttliche vernachlässigt. Wenn man den Segensspruch ad hoc sagt,
konzentriert man sich auf den Sinn der *Mizwa* und indem man die Worte „Gelobt seiest Du, *Haschem*, unser Gott, König der Welt, der uns durch seine Gebote
geheiligt hat und uns befohlen hat, *Tefillin* anzulegen"
spricht, bringt man wieder das Göttliche in die *Mizwa*.

Die Mesusa, Zeichen des jüdischen Hauses

Was ist eine Mesusa?

Die *Mesusa* ist ein Stück Pergament, auf dem zwei Auszüge aus der *Tora* stehen, welche das *Schema* bilden. Es handelt sich um die Stellen im 5. Buch Mosche 6,5-9 und 11,13-21. Das Gebot der *Mesusa* wird an beiden genannten Stellen formuliert: „Schreibe sie an die Pfosten deines Hauses und deiner Tore."

Wie wird die Mesusa geschrieben?

Der Text wird mit einer Gänsefeder und einer besonderen Tinte in Kalligraphie von einem speziell dafür ausgebildeten Schreiber verfasst. Er darf auf keinen Fall gedruckt werden. Dieser Schreiber heißt auf Hebräisch *Sofer-Stam*. Er ist auch derjenige, der die Pergamente für die *Tefillin* und die *Tora*rollen beschreibt. Das beschriftete Pergament wird gerollt und in ein Etui geschoben, welches am Türrahmen befestigt wird. Jedes Zimmer, bis auf Badezimmer und W.C., muss eine *Mesusa* haben, sogar der Balkon.

Wie befestigt man die Mesusa?

Die *Mesusa* wird am oberen Drittel des Türrahmens befestigt, der sich beim Betreten des Zimmers rechts befindet. Das Etui wird entweder an den Türrahmen genagelt oder geklebt, so dass sie etwas in Laufrichtung geneigt ist. Während man die *Mesusa* anbringt, spricht man den entsprechenden Segensspruch: „Gelobt seiest Du, *Haschem*, unser Gott, König der Welt,

119

Der uns durch seine Gebote geheiligt und uns befohlen hat, eine *Mesusa* zu befestigen." Wenn es nur eine Person ist, die die *Mesusot*[10] aufhängt, so spricht sie nur einmal den Segen. Wenn aber mehrere Männer über 13 Jahren anwesend sind, kann der Hausherr seinen Freunden oder Familienmitgliedern die Ehre erweisen, jeden eine *Mesusa* anbringen und den Segensspruch sagen zu lassen.

Wann muss man die Mesusa befestigen?

In den ersten 30 Tagen, nachdem man eine neue Wohnung oder ein neues Haus bezogen hat, muss man die *Mesusot* anbringen, unabhängig davon, ob das neue Heim gekauft oder gemietet ist. Wenn man irgendwo auszieht und weiß, dass der Nachfolger auch Jude ist, muss man die *Mesusot* hängen lassen.

Es wird empfohlen, zweimal innerhalb von sieben Jahren den Zustand des Pergaments kontrollieren zu lassen, um zu sehen, ob sich die Schrift nicht verändert hat. Dies muss von einem Rabbiner oder einem Schreiber vorgenommen werden. Wenn die Schrift beschädigt ist, muss man ein neues Pergament kaufen und bei der Befestigung der *Mesusa* erneut den Segensspruch sagen.

---

[10] Pluralform von *Mesusa*

Kaschrut oder die Reinheit der Lebensmittel

Was ist die Kaschrut und weshalb muss man koscher essen?

Die *Kaschrut* ist eine Zusammenfassung von Regeln, die sich auf die menschliche Nahrung beziehen. Diese Regeln, welche als Gebote gelten, wurden uns ohne Angabe von Gründen von Gott gegeben, damit wir einerseits Gehorsam gegenüber Gott üben und andererseits uns selbst heiligen, indem wir zum Beispiel nicht irgendwelche Tiere verzehren.

Der Ursprung der *Kaschrut* liegt in mehreren Stellen der *Tora*. Es handelt sich um zwei Hauptregeln: Erstens wird in der *Tora* die Grundlage für die strikte Trennung von Milch- und Fleischprodukten vorgeschrieben (Exodus, 23,19). Zweitens wird dort eine Liste von reinen und unreinen, beziehungsweise erlaubten und unerlaubten Tieren aufgeführt. Diese Liste befindet sich im elften Kapitel des dritten Buch Mosche, Levitikus, und gliedert sich nach den verschiedenen Tiergruppen, also nach Säugetieren, Fischen, Reptilien und Vögeln.

Säugetiere müssen zwei Voraussetzungen erfüllen, um erlaubt zu sein: Sie müssen Wiederkäuer sein und gespaltene Hufe haben, wie zum Beispiel Rinder, Kälber und Schafe.

Fische, oder genauer alle Tiere, die im Meer und in Flüssen leben, müssen sowohl Flossen als auch Schuppen haben, wie zum Beispiel Schollen, Karpfen, Lachs, etc. Spiegelkarpfen sind problematisch, da sie nur wenig Schuppen haben und diese abfallen können.

Reptilien, sowohl diejenigen, die im Wasser leben als auch diejenigen, die an Land leben, sind immer unrein, also nicht koscher.

Darf man keine Meeresfrüchte essen?

Nein, Meeresfrüchte haben weder Flossen noch Schuppen und sind daher unrein.

Wie ist es mit den Vögeln?

Was die Vögel betrifft, so sind grundsätzlich alle, die nicht in freier Wildbahn leben, erlaubt. Strausse, auch wenn sie in Zucht aufwachsen, sind nicht erlaubt, da sie in der *Tora* als unreine Tiere aufgelistet werden. Dies gilt auch für Adler, Raben, Störche, Pelikane, Kormorane und Reiher.

Sind die Eier von Straussen koscher?

Nein, die Produkte von Tieren, die nicht koscher sind, sind ebenfalls unrein. Zum Beispiel ist auch die Milch von Eselinnen nicht koscher.
Die einzige Ausnahme stellt der Honig dar. Er ist koscher, obwohl er von Insekten stammt, welche als unreine Tiere angesehen werden.

Nehmen wir an, dass wir wissen, welche Tiere rein sind. Zum Beispiel ist das Kalb ein Wiederkäuer mit gespaltenen Hufen. Wenn ich im Supermarkt einen Kalbsbraten kaufe, ist er dann koscher?

Nein. Die Tatsache, dass ein Tier als rein bezeichnet wird, reicht nicht aus, um auch sein Fleisch koscher zu nennen. Damit das Fleisch koscher ist, müssen mehrere Vorschriften eingehalten werden.

Erstens muss das Tier geschächtet, nicht geschlachtet, werden und zwar von einem jüdischen Schächter, der ein bestimmtes, langes Messer benutzt, welches so scharf wie eine Rasierklinge ist. Er durchtrennt damit die Schlagader, so dass das Gehirn nicht mehr mit Sauerstoff versorgt wird und das Tier sofort stirbt.

Zweitens muss das tote Tier von seinem Blut entleert werden, ebenso müssen Fett und Nerven mit einem Messer weggeschnitten. werden.

Was ist der Sinn des Schächtens? Warum ist es so wichtig?

Durch das *Schächten* wird das Tier sofort getötet, ohne Schmerzen zu erleiden. Es ist eine viel menschlichere Art zu schlachten, als das Tier zu erschießen oder mit einem Stromstoß zu töten.

Darüber hinaus wurden alle Tiere, die im Tempel geopfert wurden, geschächtet. Indem man die Tiere wie für ein Opfer schächtet, heiligt man das Verzehren des Fleisches. Laut *Midrasch* war der Mensch dazu bestimmt, Vegetarier zu sein. Aber Gott hat dem Menschen das Recht eingeräumt, unter bestimmten Bedingungen Fleisch von Tieren zu essen. Das Verzehren von Fleisch sollte einem Opfer ähnlich sein. Daher stammt auch das bekannte jüdische Sprichwort „Man muss essen, um zu leben, und nicht leben, um zu essen."

Und wie wird das Blut aus dem Fleisch entfernt?

Es gibt zwei Methoden: entweder durch Grillen über offenem Feuer oder durch Salzen und Einweichen.

Zum Grillen wird das Fleisch mit fließendem Wasser gespült, dann wird etwas Salz darauf gestreut und schließlich wird das Fleisch über dem Feuer gegrillt. Dabei fließt das Blut in das Feuer. Idealerweise müsste man das Fleisch nach dem Grillen noch mal abspülen, aber das macht man nur mit Leber.

Und wie macht man das Fleisch durch Salzen und Einweichen koscher?

Zuerst weicht man das Fleisch eine halbe Stunde lang in einem Eimer mit kaltem Wasser ein. Danach legt man es auf eine Art Gitter und bestreut es mit grobem Salz. So lässt man es eine Stunde lang liegen. Das Salz entzieht dem Fleisch das Blut, welches durch das Gitter abfließen kann. Schließlich wird das Fleisch unter kaltem Wasser abgespült. Es ist dann in jeder Hinsicht koscher.

Diese Methode, das *Kaschern*, Fleisch koscher zu machen, muss innerhalb von 72 Stunden nach der Schächtung erfolgen. Alle Fleischsorten dürfen auf diese Weise koscher gemacht werden, nur Leber muss über dem Feuer gegrillt werden.

Normalerweise *kaschern* jüdische Schlachtereien das Fleisch, welches dann fertig für die Zubereitung ist. Diese Schlachtereien verkaufen ausschließlich koscheres Fleisch und stehen unter rabbinischer Aufsicht.

Was bedeutet „glatt koscher"?

Nachdem das Tier zerlegt wurde, bläst der Schächter in die Lungen. Wenn die aufgeblasene Lunge glatt ist, das heißt, dass sie keine Anzeichen einer Lungenkrankheit zeigt, ist das Fleisch „glatt koscher". Wenn die aufgeblasene Lunge aber eine Unebenheit aufweist, versucht der Schächter, diese mit seinem Fingernagel zu entfernen. Gelingt dies, ohne die Lunge zu zerreißen, ist das Fleisch koscher, wird aber nicht als „glatt koscher" angesehen. Wenn die Lunge aber zerrissen wird, ist das Fleisch nicht koscher. Diese Prozedur stellt eine Steigerung der Art und Weise koscher zu essen dar.

Warum muss das Blut unbedingt entfernt werden?

Blut repräsentiert das Leben. Daher ist es unannehmbar, Blut zu konsumieren. Schon in der Zeit, in der die Opfer stattfanden, goss man das Blut des geschächteten Tieres vor den Altar und bedeckte es dann sofort mit Sand oder Asche.

Was bedeutet die Trennung von Milch- und Fleischprodukten in der Praxis?

Milch- und Fleischprodukte dürfen nicht zusammen verzehrt werden. Man braucht für sie getrenntes Geschirr, Kochgeschirr und Besteck. Man darf also nicht Käse von einem Teller essen, von dem man sonst Fleisch isst. Man benutzt auch zwei getrennte Spülen und getrennte Schränke für Geschirr und Besteck.

Kann man einen Milchkaffee trinken oder einen mit
Milch zubereiteten Nachtisch essen, nachdem man
Fleisch gegessen hat?

Nein. Die Trennung zwischen Milch und Fleisch muss
sogar zeitlich eingehalten werden. Nachdem man
Milchprodukte zu sich genommen hat, muss man eine
halbe Stunde warten, bevor man Fleisch essen darf.
Andererseits muss man nach dem Verzehr von Fleisch
sechs Stunden warten, bevor man Milchprodukte konsumieren darf.

Diesbezüglich gibt es allerdings unter den Rabbiner-
Autoritäten verschiedene Meinungen. Die Zeitspanne,
die zwischen dem Verzehr von Fleischigem und Mil-
chigem verstreichen muss, variiert je nach der Tradition, nach der man erzogen wurde und nach dem Land,
in dem man lebt. Sie kann so weniger als sechs Stunden, also fünf, vier oder nur drei Stunden dauern.

In den Niederlanden muss man sogar nur eineinviertel
Stunden nach dem Verzehr von Fleisch warten. Diese
Tradition rührt von einer Entscheidung her, die während der Inquisition von den Rabbinern getroffen wurde. Auf diese Weise sollte den *Marranos* ermöglicht
werden, die Gebote einzuhalten, ohne dabei Verdacht
zu erregen, da zur Zeit der spanischen Inquisition auf
das öffentliche Einhalten dieser Gebote die Todesstrafe
stand.

Sind Geflügel, Fisch, Eier, Brot, Obst und Gemüse
fleischig oder milchig?

Geflügel ist Fleisch. Es muss auch geschächtet und
„gekaschert" werden. Es wird dann nur in Fleischtöp-
fen zubereitet und nur von Fleischtellern gegessen.

126

Brot, Fisch, Eier, Obst und Gemüse, auch Wasser, Säfte, Limonade, Bier und andere Alkoholika sind *parewe*, das heißt neutral. Sie dürfen sowohl in Fleisch- als auch in Milchtöpfen zubereitet werden und sowohl von Fleisch- als auch von Milchgeschirr gegessen bzw. getrunken werden, je nach Gericht.

Gibt es nicht-koschere Getränke?

Grundsätzlich sind alle Getränke koscher, außer Wein, Traubensaft und allen Likören, die Weintrauben enthalten. Wein, Traubensaft und erwähnte Liköre müssen unter rabbinischer Aufsicht hergestellt werden, um koscher zu sein. Darüber hinaus sind diese Getränke *parewe*.

Warum ist Wein, ein Produkt auf pflanzlicher Basis, nicht koscher?

Wein weiht Gottesdienste religiöser Gemeinschaften, ebenso wie er früher die Götzendienste der Heiden weihte. Gott befahl dem jüdischen Volk in der *Tora*, sich von den Heiden zu distanzieren und ihren geweihten Wein nicht zu trinken.

Ziemlich kompliziert und aufwendig ist das alles. Gibt es noch andere Regeln, die eingehalten werden müssen?

Ja. Wenn man fertige Produkte kauft, wie zum Beispiel Kekse oder Chips, muss man die Zutatenliste aufmerksam lesen. Es gibt Emulgatoren, wie zum Beispiel Mono- und Diglyceride mit den Nummern E 471 und E 472, die oft mit tierischem Fett hergestellt werden. Sie können allerdings auch aus pflanzlichem Fett produziert werden. Manche Firmen sind bekannt dafür, dass sie nur koschere Emulgatoren benutzen. Deren fertige Produkte sind also koscher.

Im Zweifelsfall kann man einen Rabbiner fragen, ob das betreffende Produkt kontrolliert wurde, oder man sollte darauf verzichten. Pflanzliche Emulgatoren wie Soja-Lezithin, wie zum Beispiel in Schokolade, sind immer koscher. Man sollte auch darauf achten, Brot ohne Emulgatoren zu kaufen.

Gibt es außer Emulgatoren noch andere Zutaten, die ähnliche Probleme bereiten?

Ja, zum Beispiel Gelatine. Sie wird aus Rinderknochen, Schweinehaut oder Fischgräten hergestellt. Wenn man weiß, dass Gelatine aus Fischprodukten hergestellt wurde, kann man sie ohne Bedenken benutzen. Oft steht auf der Zutatenliste „Schweinegelatine" geschrieben. In diesem Fall wissen wir, dass wir das Produkt nicht essen dürfen.

Rindergelatine kann nur dann verwendet werden, wenn sie aus Knochen hergestellt wurde, die von einem geschächteten Tier stammen. Da die Knochen viele chemische und thermische Prozessen durchlaufen, geht ihre „Fleisch-Eigenschaft" völlig verloren. Daher kann man koschere Gelatine auch in Milchprodukten oder Milchzubereitungen essen, wie zum Beispiel in „Light"-Joghurts. Allerdings wird koschere Gelatine nur in Amerika und Israel produziert.

Wie heißen überhaupt Lebensmittel, die nicht koscher sind?

Die hebräische Bezeichnung für nicht-koscher ist *taref* (männliche Form) oder *trefa* (weibliche Form), das heißt wörtlich „zum Verzehr verboten".

Verschiedenes

Zedaka, Wohltätigkeit und Gerechtigkeit

Was ist die Zedaka?

Zedaka ist, was man üblicherweise mit „Wohltätigkeit" übersetzt, das Wort beinhaltet aber auch die Wurzel des Wortes *Zedek*, Hebräisch für „Gerechtigkeit". Man kann sagen, dass Wohltätigkeit ausüben heißt, die vermeintliche „Ungerechtigkeit", die bedürftige Menschen von Gott erfahren haben, ein wenig zu „reparieren". Es ist offensichtlich, dass wir Gottes Pläne mit uns nicht immer verstehen können, warum ist der eine reich und der andere arm? Doch für den Reichen bietet die *Zedaka* die Möglichkeit, eine zusätzliche *Mizwa* zu tätigen. Der *Midrasch* sagt, dass wenn man *Zedaka* ausübt, der Arme seinem Wohltäter mehr gibt, als dieser dem Armen. Diese scheinbar so einfache *Mizwa* ist aber sehr wichtig; unsere Gelehrten sagen, dass die *Zedaka* vor dem Tod rettet.

Was ist der Ursprung dieser Mizwa?

Diese *Mizwa* wird zweimal in der *Tora* erwähnt, einmal in Levitikus 25,35 und einmal im Deuteronomium 15,11. Die doppelte Erwähnung deutet darauf hin, dass Gott sehr großen Wert auf eben diese *Mizwa* legt. Es gibt verschiedene Arten, wohltätig zu sein, nämlich indem man den zehnten Teil seines Jahreseinkommens abgibt oder durch liebevolle Handlungen an ältern oder kranken Menschen. Der höchste Grad an Wohltätigkeit besteht darin, den Toten die letzte Ehre zu erweisen und sich um ihre angemessene Bestattung zu kümmern, denn dies ist eine gute Tat für die keine Gegenleistung erwartet werden kann.

Wieviel Geld sollte man als Zedaka geben?

Die *Tora*, Deuteronomium 14,22, spricht von einem Zehntel. Maimonides erläutert, dass es zwei Arten *Zedaka* gibt: die kleine und die große *Zedaka*. Die kleine besteht darin, jährlich zehn Prozent seines Einkommens zu geben, für die große *Zedaka* 20 Prozent. Je mehr desto besser, dennoch sollte man nicht übertreiben und nicht mehr als 20 Prozent geben.

Im *Talmud*, Traktat Schabbat 119a, steht, dass Gott die wohltätigen Menschen mit Wohlstand, sogar über ihren Anteil hinaus, belohnt.

Wem sollte man die Zedaka zukommen lassen?

Die *Zedaka* ist selbstverständlich für Bedürftige gedacht, aber auch für die finanzielle Unterstützung der *Jeschiwot* und ihrer Schüler sowie für Kranken- und Senioreneinrichtungen usw.

Im Mittelalter bis zum Ende des 19. Jahrhunderts geschah es häufig, dass Juden ungerechterweise ins Gefängnis gesperrt wurden. Die Feudalherren und Gutsbesitzer nutzten die Auslösung der Gefangenen gegen große Geldsummen als zusätzliche Einnahmequellen. Diese Forderungen zu bezahlen, war ebenfalls Bestandteil der *Zedaka*. Viele chassidische Rabbis waren dafür bekannt, Gelder zu sammeln, um jüdische Gefangene freizukaufen.

Wie sollte man die Zedaka ausüben?

Die Hauptregel lautet, diskret zu sein und den *Zedaka*-Empfänger nicht zu beschämen. Der Geber sollte nicht stolz auf seine *Zedaka* sein, denn er hat nur weitergegeben, was er selbst von Gott erhalten hat.

Der *Midrasch* vermittelt, dass es im Tempel einen Raum der „geheimen Geschenke" gab. Die frommen Juden legten dort anonym Geld hinein, und die armen Menschen von guter Familie erhielten genauso anonym Geld, von dem sie leben konnten.

Sonstige Begriffe

Wer ist ein Kohen?

Ein *Kohen* ist ein Nachfahre von Mosches Bruder Aaron dem Priester, einem Sohn des Levi, der Stammesvater der *Leviim* war. Bei der Aufteilung des Landes Israel zwischen den zwölf Stämmen, bekamen die *Leviim* keinen eigenen Boden, denn sie waren für den Tempeldienst und die Ausführung der Opferungen bestimmt. Außerdem hatten die *Kohanim* die Aufgabe, das jüdische Volk zu segnen. Die Eigenschaft, ein *Kohen* zu sein, wird über den Vater und nicht, wie die Zugehörigkeit zum Judentum, über die Mutter vererbt.

Mit der Zerstörung des Tempels wurde das Opfern abgeschafft, danach blieben nur einige Aufgaben der *Kohanim* erhalten.

Welche Aufgaben wurden beibehalten?

Nach wie vor segnen die *Kohanim* die Gemeinde der Betenden in den *Mussaf*-Gottesdiensten während der Feiertage. In Israel segnen sie die Betenden jeden *Schabbat* und an Feiertagen zweimal im Morgengottesdienst, in manchen Gemeinden sogar täglich im Morgengebet. Außerdem ist der *Kohen* für die Auslösung des Erstgeborenen, *Pidjon Haben*, zuständig.

Hat ein Kohen bestimmte Vorteile?

Der *Kohen* wird immer als Erster zur *Tora* aufgerufen, danach kommt ein *Levi* und ab dem Dritten, ruft man die anderen. Falls es keinen *Levi* gibt, wird der *Kohen* automatisch ein zweites Mal aufgerufen. Auch beim Tischgebet wird der *Kohen* vor allen anderen Teilnehmern erwähnt.

Gibt es Nachteile für einen Kohen?

Da der *Kohen* immer besonders auf seine Reinheit achten musste, durfte er keinen Kontakt mit Toten haben, Er musste also von Beerdigungen und Friedhöfen fernbleiben. Diese Regelung ist auch heutzutage noch gültig. Darüber hinaus darf ein *Kohen* keine geschiedene oder zum Judentum übergetretene Frau heiraten.

Was passiert, wenn ein Kohen trotzdem eine geschiedene oder konvertierte Frau heiratet?

Kein Rabbiner wird solch eine Hochzeit zulassen. Wenn ein *Kohen* allerdings mit einer geschiedenen oder konvertierten Frau zusammenlebt, sollte sein zuständiger Rabbiner ihn nicht als *Kohen*, also als Ersten, zur *Tora* aufrufen, sogar ihn die Gemeindemitglieder nicht segnen lassen, und ihn ebenso wenig die Auslösung der Erstgeborenen ausführen lassen. Außerdem, falls der *Kohen* mit dieser Frau Kinder hat, erben die Söhne nicht die Eigenschaft des *Kohen*.

Wenn sich der *Kohen* von jener Frau trennt, darf er wieder seine *Kohen*aufgaben übernehmen.

Was ist ein Levi?

Ein *Levi* ist ein Nachkomme von Mosche, also ein Mitglied des Stammes *Levi*. Da dieser Stamm kein eigenes Land hatte, wurden die *Leviim* zu einem Teil des Tempeldienstes erwählt. Sie musizierten im Tempel, und später im zweiten Tempel sangen sie die Psalmen Davids. Zudem waren sie für andere kleinere Aufgaben die Helfer der *Kohanim*. Wie beim *Kohen* wird die Eigenschaft des *Levi* nur über den Vater vererbt.

Hat der Levi nach der Zerstörung des Tempels noch irgendwelche Aufgaben?

Nur eine Aufgabe ist ihm geblieben, nämlich die Hände des *Kohen* zu waschen, bevor dieser die Gemeinde segnet. Außerdem darf der *Levi*, zur Erinnerung an sein ehemaliges Amt, im Tempel als Zweiter, sofort nach dem *Kohen* zur *Tora* aufgerufen werden.

Was bedeutet der Begriff Aschkenas?

Aschkenas ist auf Althebräisch die Benennung für Deutschland und bezeichnet im weiteren Sinne das deutsche Judentum mit seinen Riten. Nach der Migration von deutschen Juden seit der Zeit der Kreuzzüge in Richtung der baltischen Länder, nach Polen, in die Ukraine und viel später nach Russland, wurde die Bezeichnung *Aschkenas* auf das gesamte mittel- und osteuropäische Judentum ausgeweitet.

Die *aschkenasische* Kultur hat ihre eigene Sprache, das Jiddisch, welches eine Mischung aus Altdeutsch und hebräischen Worten, in hebräischer Schrift, ist. Jiddisch ist noch immer eine lebendige Sprache, die hauptsächlich unter den *Chassidim* der ganzen Welt gesprochen wird. Schon im 16. Jahrhundert wurde eine Sammlung von *Midraschim* über die *Tora* (*Zene Rene*) auf jiddisch geschrieben, speziell für die Frauen und Mädchen, die nicht in den *Jeschiwot* lernen durften.

Die jiddische Sprache wurden so verbreitet, dass eine wichtige jiddische Literatur, jiddisches Theater und sogar Operetten entstehen konnten. Der Literaturnobelpreisträger Isaak Bashevish Singer schrieb alle seine Bücher auf Jiddisch.

Was ist Sepharad?

Sepharad steht auf Hebräisch für Spanien und bezeichnet dementsprechend das spanische Judentum mit seinen Riten. Nach der Auswanderung der spanischen und portugiesischen Juden infolge der Inquisition, fanden sie in den maghrebinischen Ländern Zuflucht. Vor dort aus emigrierten sie im Laufe der Jahrhunderte weiter Richtung Orient, wie auch Maimonides, der sich in Ägypten niederließ. Die Bezeichnung *Sepharad* bezieht sich also auf das ganze mediterrane und vorderorientalische Judentum und seine Traditionen.

Die *sephardische* Kultur hat ebenso ihre eigene Sprache, das Ladino, eine Mischung aus Spanisch und

Hebräisch mit der hebräischen Schrift. Wie die *aschkenasische* Kultur, hat auch die *sephardische* ihre Literatur. Im 18. Jahrhundert entstand eine Sammlung von Kommentaren und *Midraschim* über die *Tora* (*Meam Loes*) auf Ladino, mit dem Ziel, dass auch diejenigen, die kein Hebräisch mehr beherrschten, eine engere Verbindung zu den Texten der *Tora* aufbauen konnten. Im Gegensatz zum Jiddischen ist das Ladino eine sterbende Sprache.

Ist eine „Mischehe" unter aschkenasischen und sephardischen Juden möglich?

Ja, Hochzeiten von *aschkenasischen* und *sephardischen* Juden sind ohne Weiteres erlaubt. Die Traditionen werden dann von Seiten des Vaters vererbt, selbst wenn das Kind mit beiden Kulturen aufwächst. Die Kinder übernehmen also die Kultusriten des Vaters.

Was ist der Chassidismus?

Der Chassidismus ist eine vom Baal Schem Tow gegründete Bewegung, die denen, die sich vom Judentum entfernt hatten, den Glauben und die Praxis näher bringen wollte. Obwohl der Chassidismus eine pantheistische Philosophie darstellt, ist seine Botschaft einfach: Liebe zu Gott und Liebe zu seinen Mitmenschen. Das Motto des Chassidismus lautet: „Dient Gott in der Freude!" Damit wollte Baal Schem Tow den Armen und nicht Ausgebildeten einen neuen Weg zum Judentum aufzeigen.

Die Kameradschaft unter den *Chassidim* war sehr wichtig, so war eine Begegnung von zwei Freunden oft der Anlass, gemeinsam einen Schnaps zu trinken, denn der Alkohol erwärmte nicht nur den Körper, sondern auch das Herz. Der Baal Schem Tow und seine Nachfolger ermutigten ihre Anhänger, in den Synagogen, den Betstuben und unter sich zu singen und zu tanzen, um ihre Freude auszudrücken. Diese Trinkereien, Singereien und Tanzereien bei den *Chassidim* machten bei dem damaligen orthodoxen Establishment einen schlechten Eindruck, so dass Rabbi Elijahu ben Schlomo Salman von Wilna seinen Schülern befahl, den Chassidismus zu bekämpfen. Es entwickelten sich zwei gegensätzliche Bewegungen, die chassidische und die der *Mitnagdim* (die Gegner), die sich mit Wort und Taten bekämpften, was sogar zu Exkommunikationen auf beiden Seiten führte.

Inwiefern hat sich der Chassidismus entwickelt?

Der Chassidismus entwickelte sich sehr stark, und jeder chassidische Anführer war der Begründer einer eigenen Strömung. Heutzutage gibt es einige hundert verschiedene Strömungen. Die bekanntesten chassidischen Zweige sind der Lubawitscher, der Satmarer, der Belzer, der Bobower, der Gerer, der Kalewer und der Ruzhiner.

Gibt es noch Mitnagdim?

Eigentlich nicht, die Streitigkeiten wurden mit der Shoa gelöst. Die Nachkommen von vielen *Mitnagdim* sind selbst *Chassidim* geworden, als das Establishment überzeugt wurde, dass der Chassidismus nur eine andere Form war, Gott zu dienen, die im Rahmen der Orthodoxie blieb. Wenn sich heute noch jemand als *Mitnaged* bezeichnet, geschieht dies nur in Erinnerung an seine Vorfahren. Heutzutage ist das orthodoxe Judentum zweigeteilt, in einerseits die *Chassidim*, andererseits die Nicht-*Chassidim*, die ganz gut miteinander leben können. Häufig gibt es auch Hochzeiten zwischen chassidischen und nicht chassidischen Menschen.

Gibt es äußere Erkennungszeichen der Chassidim?

Chassidische Männer und Jungen nach ihrer *Bar-Mizwa* tragen häufig einen schwarzen Gehrock und einen Hut. Zusätzlich lassen sie sich an den Schläfen Locken wachsen. Dieser Brauch basiert auf einem Gebot, welches besagt, dass die fünf Ecken des Gesichtes: Kinn, Kiefergelenke und Schläfen, nicht mit einer Klinge rasiert werden dürfen. Der Einfachheit halber rasieren sich die *Chassidim* überhaupt nicht. Aber nicht nur *Chassidim* tragen Locken an der Schläfe, auch einfache orthodoxe Juden.

Einige Gestalten des Judentums

Wer war Rabbi Gerschom ben Jehuda?

Rabbi Gerschom ben Jehuda ist ca. 960 in Metz geboren und 1028 in Mainz verstorben. Er wurde, aufgrund seines großen Wissens und seiner weisen Entscheidungen in der jüdischen Jurisprudenz, *Meor Hagola*, „Licht des Exils", genannt. Seine Schüler gaben ihm mit Zuneigung den Namen Rabbenu Gerschom, „unser Lehrer Gerschom". Eine der wichtigen Entscheidungen in der *Halacha* (Jurisprudenz) ist das Verbot, Juden, die gezwungenermaßen zum Christentum übergetreten sind und diesen Schritt aufrichtig bereut haben, an ihre Sünde zu erinnern. Rabbi Gerschom ben Jehuda verbot in seinen Beschlüssen ebenfalls, sich von seiner Frau gegen ihren Willen scheiden zu lassen, das heißt, sie zu verstoßen. Besonders berühmt geworden ist er durch die Einrichtung der Monogamie im Judentum, veranlasst durch seine persönliche unglückliche Erfahrung.

Der Überlieferung nach war Rabbi Gerschom ben Jehuda mit einer Frau verheiratet, die ihm keine Kinder schenken konnte. So beschlossen die beiden, dass er eine zweite Frau zu sich nehmen sollte. Die beiden Frauen wurden Rivalinnen und hassten sich schließlich, so dass die zweite Frau aus Rache schlimme und falsche Gerüchte über ihren Mann verbreitete, bis dieser sogar verhaftet wurde. Seine Schüler boten an, ihn bei der Behörde auszulösen, aber er lehnte das Angebot ab, um keinen Präzedenzfall zu schaffen. So blieb er den Rest seines Lebens im Gefängnis, und nach seinem Tod mussten seine Schüler sogar noch seine Leiche auslösen. Während der Zeit im Gefängnis, traf Rabbi Gerschom ben Jehuda den Beschluss, Polygamie und selbst die Bigamie zu verbieten.

Wer war Raschi?

Raschi ist ein Akronym für Rabbi Schlomo ben Jizchak, der 1040 in der französischen Stadt Troyes geboren und 1105 dort gestorben ist. Er war ein berühmter Exeget und gilt heute als der leitende Kommentator der *Tora* und des *Talmud*.

Der Legende nach besaß Raschis Vater, Rabbi Jizchak, einen sehr wertvollen Edelstein, den er lieber in einen Fluss warf, als ihn Händlern, die ihn zu unheiligen

Zwecken bestimmt hatten, zu verkaufen. Als Beloh-
nung für diese Handlung wurde ihm vom Himmel die
Geburt eines Sohnes versprochen, der durch seine
Weisheit die Welt erleuchten sollte. Als Raschis Mutter mit ihm schwanger war, wurde ihr in einer kleinen
Straße in Troyes aufgelauert. In Todesangst lehnte sie
sich zum Schutz an eine Mauer, in der sich
augenblicklich eine Nische auftat, so dass sich Raschis
Mutter dort verbergen konnte.

Raschi lernte in berühmten *Jeschiwot* in Mainz und
Worms, kehrte aber mit 25 Jahren nach Troyes zurück.
In Frankreich schrieb Raschi seinen Kommentar zur
Tora und zum *Talmud*. Dieser Kommentar enthielt et-
wa tausend Wörter auf Altfranzösisch sowie zahlreiche
Midraschim, die den Text verständlicher und leichter
zugänglich machen sollten.

Vermutlich war Raschi in der Zeit des ersten Kreuz-
zugs (1095-96) nach Worms zurückgekehrt, und wahrscheinlich sind in dieser Zeit alle seine Werke verloren
gegangen. Laut Überlieferung hat er die Gesamtheit
seiner Kommentare aus dem Gedächtnis erneut aufge-
schrieben.

Wer war Maimonides?

Maimonides, also Rabbi Mosche ben Maimon, wurde
1135 in Cordoba in Spanien geboren und ist 1204 in
Fostat in Ägypten gestorben. Sein Vater war das Ober-
haupt der jüdischen Gemeinde in Cordoba. Mit der In-
vasion der Almohaden wurde die Familie des Maimon
gezwungen, Spanien zu verlassen. Sie wanderte zunächst nach Marokko aus und anschließend weiter
nach Ägypten. Maimonides war für seine Kenntnisse
der *Tora*, in der Medizin und in der Astronomie be-

rühmt und gilt bis heute als einer der größten Autoritäten der *Halacha*.

Maimonides ließ sich in Fostat, Kairos Altstadt, nieder und leitete die jüdische Gemeinde. Sein Bruder David war ein erfolgreicher Händler, der die ganze Familie versorgte, was Maimonides erlaubte, sich dem Rabbinat zu widmen, ohne dafür bezahlt zu werden. Unter seinen Werken sind „Wegweiser der Verirrten", „Das Buch der Mizwot" sowie „Die Wiederholung der Tora" die drei Wichtigsten.

Als das Schiff, auf dem sich Maimonides Bruder befand, unterging und David dabei ums Leben kam, musste nun Maimonides für seinen Lebensunterhalt und den seiner Familie aufkommen. Da er nach wie vor darauf verzichtete, als Rabbiner bezahlt zu werden, arbeitete er als Arzt. Sein guter Ruf erreichte den Wesir Saladin, der ihn als seinen Leibarzt einstellte.

Als Mosche Maimonides starb, wurden in Kairo drei Fastentage zur Trauer festgelegt, und seine Gebeine wurden nach Israel gebracht. Er wurde in Tiberias beigesetzt. Auf dem Weg nach Israel überfielen Räuber die Karawane, aber die Kamele galoppierten eigenständig ohne Unterbrechung bis nach Tiberias. Es war ein Zeichen des Himmels, dass Maimonides an diesem Ort beerdigt sein sollte.

Mosche Maimonides galt schon damals als eine der höchsten jüdischen Autoritäten, so dass man ihn sogar mit dem Propheten Mosche verglich. Es gibt das Sprichwort „Von Mosche bis Mosche gab es keinen wie Mosche".

Wer war Rabbi Jossef Karo?

Rabbi Jossef Karo wurde 1488 in Toledo in Spanien geboren und starb 1575 in Safed in Israel. Aufgrund der Vertreibung der Juden aus Spanien im Jahre 1492 emigrierte die Familie Karo zunächst in die Türkei. Rabbi Jossef ließ sich 1536 in Safed nieder, wo er eine *Jeschiwa* gründete. Diese *Jeschiwa* hatte einen so hervorragenden Ruf, dass sie von etwa 200 Schülern besucht wurde.

Er kodifizierte die jüdischen Gesetze in einem Werk mit dem Namen *Bet-Jossef*, aber später vereinfachte er dieses Werk und verfasste den sogenannten *Schulchan Aruch*, was übersetzt „Der gedeckte Tisch" heißt, und die jüdischen Gesetze in vier Teilen aufschlüsselt:

- „Orach Chajim": die Gesetze über die Gebete, den *Schabbat*, die Feier- und Fastentage;
- „Jore Dea": die Gesetze über die Lebensmittel bzw. die *Kaschrut;*
- „Ewen Haeser": die Gesetze für Frauen, Hochzeiten und Scheidungen;
- „Choschen Mischpat": das Zivil- und Strafrecht.

Rabbi Jossef Karo war eine bedeutende Autorität, ein hoch geschätzter Lehrer und ein großer Kabbalist. Trotz der großen räumlichen Entfernung war er mit dem Rama in Polen befreundet.

Wer war der Rama, Rabbi Mosche Isserles?

Rama ist die hebräische Abkürzung für Rabbi Mosche Isserles, der von 1525 bis 1572 in Krakau gelebt hat. Er war der Schüler von Rabbi Schalom Schachna, dessen Tochter Golda er heiratete. Golda starb aber schon 1552 mit 20 Jahren. Zu ihrem Gedenken ließ Rabbi

Mosche Isserles 1553 eine Synagoge bauen, die bis heute besteht und genutzt wird. Aus einer zweiten Ehe stammt die Tochter Dresel, die Rabbi Simcha Bunem Meisels heiratete. In jeder Generation ihrer Nachkommen gab es Rabbiner, bis zum heutigen Tag.

Der Rama war mit Rabbi Jossef Karo befreundet. Zur gleichen Zeit wie dieser sein *Bet-Jossef* schrieb, arbeitete der Rama an einem ähnlichen Werk. Als er von Rabbi Jossef Karos Plänen erfuhr, gab er sein eigenes Projekt auf und ergänzte den *Schulchan Aruch* (Der gedeckte Tisch) mit Gesetzen und Traditionen, die in den *aschkenasischen* Ländern wie Deutschland und Polen üblich waren. Seine Ergänzung heißt die *Mappa*, was „Tischdecke" bedeutet. Der gedeckte Tisch wird also mit der Tischdecke vervollständigt, und 1569, noch zu Lebzeiten des Rama, erschien die erste gemeinsame Auflage der beiden Bücher. Dieses einheitliche Werk fand damals großen Zuspruch und ist auch heutzutage das gültige jüdische Gesetzbuch auf der ganzen Welt.

Rabbi Jossef Karo kaufte in Israel ein Geschenk für den Rama, nämlich ein Buch über die Gebote zum Schreiben einer *Tora*rolle und schickte es ihm nach Krakau. Der Rama studierte dieses Buch und schrieb daraufhin seine eigene *Tora*rolle.

Rabbi Mosche Isserles verschied am *Lag BaOmer*-Tag, so wurde dieser Tag bis heute für viele Juden der Anlass für eine Pilgerfahrt zu seinem Grab.

Seine Zeitgenossen bezeichneten den Rama als Maimonides von Polen, deshalb gilt für ihn der gleiche Spruch „Von Mosche bis Mosche gab es keinen wie Mosche".

Wer war der Baal Schem Tow?

Rabbi Israel ben Elieser wurde ca. 1700 in Okup in der Ukraine geboren und starb 1760 in Medzibozh. Er war der Begründer des Chassidismus und wurde als Baal Schem Tow, abgekürzt BeSchT, „der Meister des guten Namens" bezeichnet.

Da er schon ganz jung Waise wurde, kümmerte sich die Gemeinde bis zu seiner Volljährigkeit um ihn. Um für seinen Lebensunterhalt zu sorgen, übte er verschiedene Berufe aus, wie die Begleitung von Kindern zur Schule, Repetitor und Schächter.

Er lebte in Medzibozh, wo seine Frau eine Herberge bewirtschaftete, und erst im Alter von 36 Jahren offenbarte er der Gemeinde seine Berufung. Er lehrte eine neue Doktrin des Judentums und interessierte sich für die einfachen Leute, für Arme und Ungebildete. Er betonte die Wichtigkeit der Freude im Dienst an Gott und lehnte das Fasten und die Askese ab.

Zahlreiche Geschichten und Legenden sind über den Baal Schem Tow im Umlauf, aber die wahren Erzählungen seines Lebens wurden von seinem Schüler Rabbi Jaakow Jossef von Polnoje niedergeschrieben.

Nach seinem Tod war es sein Enkel Rabbi Baruch von Medzibozh, der sein Lebenswerk weiterführte.

Wer war der Gaon von Wilna?

Rabbi Elijahu ben Schlomo Salman, der sogenannte Gaon von Wilna, lebte von 1720 bis 1797. Die ersten Spuren einer organisierten jüdischen Gemeinde in Wilna stammen aus dem Jahre 1568, und seit dem 18. Jahrhundert übte Wilna einen großen Einfluss auf die ganze jüdische Welt aus. Es war das größte religiöse und geistige Zentrum des Judentums. Deshalb erhielt Wilna den Beinamen das „Jerusalem Litauens".

Schon mit sechs Jahren war Elijahu ben Schlomo Salman für seine hervorragenden Kenntnisse bekannt und trug in der großen Synagoge eine Auslegung des *Talmud* vor. Er hatte einige große Lehrer, aber hauptsächlich war er ein Autodidakt.

Als er mit 18 heiratete, zog er in ein Haus am Rande der Stadt. Er lernte Tag und Nacht. Von seinen Kindern wissen wir, dass er am Tag niemals länger als eine halbe Stunde am Stück und insgesamt nicht mehr als zwei Stunden schlief. Die Gemeinde sorgte für seinen Unterhalt, damit er sich vollständig seinen Studien widmen konnte.

Der Gaon von Wilna leistete seinen Beitrag, den *Talmud* von Jerusalem zu erläutern und für jedermann verständlich zu machen, und seine Schüler verbreiteten später seine Lehre. Rabbi Elijahu ben Schlomo Salman schrieb Bücher und Anmerkungen über alle Themen des Judentums: die *Tora*, den *Talmud*, die *Midraschim*, den *Sohar*, eine hebräische Grammatik, sogar über Geometrie und Astronomie. Mehr als 70 Werke werden ihm zugeschrieben, von denen über 50 veröffentlicht wurden. Leider sind viele seiner Manuskripte verloren gegangen.

Auch wenn er selbst ein großer Kabbalist war, war Rabbi Elijahu ben Schlomo Salman ein heftiger Gegner des Chassidismus und ermutigte seine Schüler, die chassidische Bewegung zu bekämpfen. Er selbst zögerte nicht, einige *Chassidim* zu exkommunizieren. Nach seinem Tod beruhigten sich die Auseinandersetzungen zwischen den *Chassidim* und ihren Gegnern, seine Enkel wurden sogar selbst *Chassidim*.

Der Gaon von Wilna hatte großen Einfluss auf das Judentum in Litauen; die berühmten *Jeschiwot* von Wolozhin und Mir sind durch ihn geprägt worden.

Wer war Rabbi Menachem Mendel Schneersohn?

Rabbi Menachem Mendel Schneersohn war der siebte Lubawitscher Rabbi, der 1902 in der Ukraine geboren und 1994 in New York verstorben ist. Der erste chassidische Rabbi der Schneersohn-Dynastie wurde in Lubawitsch in der Ukraine geboren, deshalb heißen alle Rabbis dieser Familie Lubawitscher Rabbi oder Rebbe.

1951 übernahm Rabbi Menachem Mendel Schneersohn von seinem Schwiegervater die Leitung der lubawitschen chassidischen Bewegung in New York. Er war einer der charismatischsten Anführer des jüdischen Volkes. 1959 gründete er in der ganzen Welt Lubawitscher Büros, die sich *Beth-Chabad* nennen. Zur Zeit gibt es etwa 300 solcher *Beth-Chabad* mit Synagogen und verschiedenen Lubawitscher Organisationen.

Rabbi Menachem Mendel Schneersohn war der Begründer einer Kette von *Jeschiwot* in Amerika und in Israel, sowie von zahlreichen Einrichtungen für Mädchen. Außerdem unterstützte er die Untergrundaktivitäten der Juden in der ehemaligen Sowjetunion.

Der Rabbi Menachem Mendel Schneersohn führte zwei große Aktionen durch. Bei der ersten ging es um die Anfertigung mehrerer *Tora*rollen. Einige hunderttausend Juden beteiligten sich daran, indem sie, unter dem Motto „Ich besitze einen Buchstaben der *Tora*", für einen Dollar einen Buchstaben „kauften". Die zweite Aktion im Jahre 1986 wurde bekannt als „der

Dollar des Rabbi": Rabbi Menachem Mendel Schneersohn empfahl jedem Juden, Wohltätigkeit zu üben. Daher gab er jedem, der ihn um einen Segen bat, zusätzlich zum Segen einen Dollar, damit auch der Ärmste, der wegen des Segens kam, Wohltätigkeit üben konnte. Durch die gute Tat konnte er seinen Verdienst für die Verwirklichung des Segens vermehren.

Rabbi Menachem Mendel Schneersohn machte aus seiner chassidischen Bewegung die größte der Welt. Er verschied 1994, ohne Nachfolger zu hinterlassen. Dennoch wächst die Bewegung weiterhin, und jeden Tag beten Hunderte von *Chassidim* an seinem Grab.

Shoa

Was bedeutet das Wort Shoa?

Shoa bedeutet „Sturm, Gewitter" und im weiteren Sinne „Katastrophe", wird aber hauptsächlich verwendet als Bezeichnung für den Holocaust, während dessen über sechs Millionen Juden ermordet wurden.

Warum wird die Shoa nicht als Genozid bezeichnet?

Das Wort „Genozid" gibt es seit 1944 und bedeutet die fast vollständige Ausrottung eines Volkes, wie der Genozid der Armenier.[11] Theoretisch fällt die Shoa in den Rahmen dieser Definition, die Überlebenden der Shoa, sowie das gesamte jüdische Volk wollen sie jedoch nicht mit einem anderen Ereignis assoziieren und ver-

---

[11] Es wurde später benutzt, um alle Völkermorde zu bezeichnen.

gleichbar machen. Außerdem ist die Organisation der Ausrottung des jüdischen Volkes mit solchem Zynismus und solcher Grausamkeit in Vernichtungslagern wie in Auschwitz oder Majdanek noch nie in dieser Art da gewesen, deshalb hat die Shoa einen Namen, der im Zusammenhang mit der Einzigartigkeit der Geschehnisse steht.

Wieviele Opfer gab es in der Shoa?

Ungefähr sechs Millionen Juden wurden in der Shoa ermordet, davon etwa drei Millionen polnische Juden, die anderen drei Millionen waren deportierte Juden aus Deutschland und den angrenzenden europäischen Ländern, die das Dritte Reich besetzt hatte. Von den 600 000 deutschen Juden wurden 300 000 getötet, die Übrigen hatten die Möglichkeit vor der Shoa auszuwandern.[12]

Wieviele Konzentrations- und Vernichtungslager gab es in der Shoa?

Insgesamt gab es über hundert Konzentrations- und Vernichtungslager in Europa, manche sehr kleine und einige sehr große: Auschwitz, Majdanek, Treblinka, Mauthausen, Bergen-Belsen, Buchenwald, Dachau, Sachsenhausen usw. gehörten zu den größten und berüchtigsten.

Die Juden wurden nicht nur in Konzentrationslagern getötet, sondern auch in Ghettos wie in Riga, Warschau, Kowno usw. und auch an bestimmten Orten wie

---

[12] Eine sehr kleine Anzahl deutscher Juden überlebte in den Lagern oder in Verstecken.

Babi-Yar in der Ukraine. Dennoch war es nur in Auschwitz, wo eine so große Anzahl an Juden durch Massenabfertigung in den Gaskammern und Krematorien umgekommen ist. Deshalb wurde Auschwitz zum Symbol der Vernichtung des jüdischen Volkes während der Shoa.

Wie soll man das Schweigen Gottes während der Shoa verstehen?

Wir sind nicht in der Lage, Gottes Absichten zu verstehen. Er hat die Welt geschaffen und den Menschen die freie Wahl gelassen, Gutes oder Böses zu tun, ohne Sich in ihre Angelegenheiten einzumischen. Es wäre zu einfach und lächerlich zu sagen, dass Gott Sein Volk verlassen hat, wie es bereits grundlos behauptet wurde. Dennoch gibt es nur eine Erklärung, die für uns gültig ist, nämlich, dass die Shoa und die anderen Katastrophen, die über das jüdische Volk hereingebrochen sind, zu den geheimen Überlegungen Gottes gehören, Der die Gerechten belohnen und die Bösen in der kommenden Welt bestrafen wird, ohne dass wir Ihn begreifen können. Vielleicht ist dies der Anfang einer Antwort? Vielleicht kann dies der Anfang des Trostes sein?

Kann das jüdische Volk die Shoa vergeben?

Bevor das jüdische Volk vergeben kann, muss es um Verzeihung gebeten werden. Erst im Jahre 2000 wurde von dem deutschen Bundespräsidenten Johannes Rau offiziell um Vergebung für das Verbrechen gegen die Juden im Dritten Reich gebeten. Natürlich ist die heutige deutsche Demokratie nicht mit der damaligen Diktatur gleichzusetzen, und man kann unsere deutschen Zeitgenossen nicht mit der Last der Täter-Generation anschuldigen. Dennoch musste ein Vertreter der deutschen Nation die Vertreter des jüdischen Volkes um Verzeihung bitten.

Durch sein Schweigen hat Pius XII. Auschwitz mitverschuldet, wie auch Stalin, Roosevelt und Churchill. Im März 2000 hat die röm.-kath. Kirche, vertreten durch Papst Johannes Paul II ein Schuldbekenntnis wegen des Unrechts, das Juden von Christen angetan wurde, abgelegt. Auch Polen, auf dessen Boden die größten Vernichtungslager standen, hat um Verzeihung gebeten.

Man kann sich die Frage stellen, ob mehr als 50 Jahre nach der Shoa nicht zu spät waren, um um Vergebung zu bitten. Für das Richtige ist es nie zu spät. Es ist zu bedauern, dass die Überlebenden der Shoa, die schon verstorben sind, diese Bitten um Verzeihung nicht erleben konnten.

Allerdings darf Vergebung nicht mit Vergessen verwechselt werden.[13] Das jüdische Volk vergisst nichts. Niemals. Das jüdische Volk hat noch nicht vergessen, wie im Jahre 423 v. Chr. Nebukadnezar den ersten Tempel zu Jerusalem zerstörte und die Juden ins babylonische Exil vertrieb und wie im Jahre 68 n. Chr. Titus den zweiten Tempel vernichtete. Das jüdische Volk erinnert sich an diese Ereignisse am 9. *Aw* jeden Jahres.

Als 1812 der Kaiser Napoleon erfuhr, dass am 9. *Aw* die Juden noch immer ihren verlorenen Tempel bewei-

---

[13] Die Toten des 2. Weltkrieges zu vergessen käme einer zweiten Ermordung gleich. Wir hätten zweimal sechs Millionen Tote zu beklagen.

nen, rief er aus: „Jetzt verstehe ich, warum das jüdische Volk so lange in seiner Diaspora überlebt hat. Ein Volk, das seine Erinnerung so lange pflegt und das noch immer nach seiner Erlösung strebt, kann nicht vernichtet werden und wird auch in Zukunft leben."[14]

Kann man die Shoa und die Entstehung Israels miteinander verbinden?

Diese Verbindung zu ziehen ist heikel. Schon vor der Shoa gab es die Absicht des Zionistischen Kongresses, einen jüdischen Staat zu gründen. Die Behauptung, dass es ohne die Shoa kein Israel gegeben hätte, ist absolut falsch. Offensichtlich hat die Shoa aber eine Verwirklichung der Gründung Israels beschleunigt.

David ben Gurion, der spätere erste Premierminister Israels, hat 1946 auf der Konferenz in Bergen-Belsen vor den überlebenden Juden in Deutschland erklärt: „Wir werden nicht ruhen, bis jeder von euch, der es wünscht, sich uns anschließt, in das Land Israel zu gehen und dort einen jüdischen Staat zu gründen."

Israel

Was ist Zionismus?

Das Wort „Zionismus" stammt von *Zion*, einem anderen Namen für Jerusalem, und bezeichnet den Wunsch eines jeden Juden, eines Tages nach Israel zu gehen und dort zu leben. Dieser Wunsch existiert in den Her-

---

[14] Am Israel Chay! Das jüdische Volk lebt! ... und wird weiterleben!

zen aller Juden seit der Zerstörung des ersten Tempels durch die Babylonier (423 v. Chr.) und dem darauffolgenden Exil. Nach der Zerstörung des zweiten Tempels (68 n. Chr.) und der römischen Diaspora wurde dieser Wunsch wiederbelebt und dauert bis heute an.

Unsere Weisen, die im babylonischen Exil die Gebete verfassten, drückten in mehreren Gebeten den Wunsch aus, nach Israel und *Zion* zurückzukehren.

Bereits in der *Tora* und auch in allen anderen heiligen Schriften wird die Liebe Gottes und unserer Vorfahren für Israel betont. Die Namen *Jeruschalajim* (Jerusalem) und *Zion* werden 349 beziehungsweise 108-mal erwähnt.

Der moderne Zionismus wurde von Theodor Herzl initiiert. Sein Ziel war es, für das jüdische Volk in der Diaspora eine jüdische Heimat in Israel oder Palästina zu gründen, in der es ohne Angst vor Verfolgung leben konnte. All jenen, die die Ausführbarkeit dieses Projektes anzweifelten, antwortete Herzl mit seinem Motto „Wenn ihr es wollt, ist es keine Legende."

Wer war Theodor Herzl?

Theodor Herzl (Benjamin Seew), 1860-1904, war der Vater des politischen Zionismus und der Gründer der „World Zionist Organisation".

Als ausgebildeter Journalist war Theodor Herzl zwischen 1891 und 1895 Korrespondent der Wiener „Neue Freie Presse" in Paris. Es war die Zeit der Dreyfus-Affäre, und Herzl nahm an dem Prozess als Korrespondent teil. Durch den Artikels „J'accuse" des französischen Schriftstellers Emile Zola gewann Herzl die Überzeugung, dass die einzige Möglichkeit für alle Juden, dem Antisemitismus zu entgehen, ein großer

Exodus und eine Neuansiedlung in einem Land, das ihnen allein gehörte, sei. Er beschloss, sich für die Verwirklichung seiner Idee einzusetzen. Der erste Zionistische Kongress fand in Basel im August 1897 statt. Theodor Herzl starb in Europa, seine Gebeine wurden später auf den Militärfriedhof in Jerusalem umgebettet. Sein Grab ist ein häufig besuchter Ort von vielen Touristen und Schulklassen.

Wann und unter welchen Umständen wurde der Staat Israel gegründet?

Seit dem Ende des Zweiten Weltkriegs im Mai 1945 suchten die Juden, die die Shoa überlebt hatten, nach einem Land, in dem sie ein neues Leben in Frieden und Ruhe beginnen konnten. Das einzig mögliche Land war Palästina, welches noch unter britischem Mandat stand. Obwohl die Briten die Immigration nicht begrüßten und alles unternahmen, um sie zu verhindern oder wenigstens zu begrenzen, machten sich viele Überlebende auf den Weg nach Israel. Die Geschichte des Schiffes „Exodus", die auch von Leon Uris in einem Buch mit demselben Titel erzählt wird, ist eine Illustration des politischen Klimas der damaligen Zeit.

Am 29.11.1947 beschlossen die Vereinigten Nationen, das britische Mandat in Palästina zu beenden und das Land zwischen den arabischen Nationen und einem noch zu gründenden unabhängigen jüdischen Staat aufzuteilen. Die Unabhängigkeitserklärung Israels fand am 5. *Ijar* 5708, das heißt am 14. Mai 1948, statt. Sofort wurde Israel von sieben arabischen Staaten angegriffen. Dieser Angriff führte zu einem Krieg, der als „Unabhängigkeitskrieg" Israels bekannt ist.

Der Tag der Unabhängigkeit heißt auf Hebräisch *Jom Haazmaut* und wird jedes Jahr an seinem hebräischen Datum gefeiert, so dass das Datum im gregorianischen Kalender jedes Jahr auf einen anderen Tag fällt.

Der Tag vor dem israelischen Unabhängigkeitstag, also der 4. *Ijar*, ist ein Tag zum Gedenken an die Soldaten, die in den verschieden Kriegen Israels gegen die Araber gefallen sind. Es handelt sich um den schon erwähnten Unabhängigkeitskrieg von 1948, den Sinai-Feldzug von 1956, den Sechs-Tage-Krieg von 1967, den Jom-Kippur-Krieg von 1973 und alle anderen Angriffe und militärischen Operationen.

Welches Geld ist in Israel in Umlauf?

Das gültige Zahlungsmittel in Israel ist der NIS, der neue israelische Schekel (*Schekel Chadasch*), der in den 80er Jahren nach einer Entwertung des alten Schekel eingeführt wurde. Sein Wert entspricht mehr oder weniger einem Viertel des Euro.

Welche Sprache wird in Israel gesprochen?

Die offizielle Sprache des Landes ist Hebräisch. Sie wird in allen Familien, spätestens aber im Kindergarten und in der Schule gelernt und gesprochen. Englisch wird als die zweite Sprache Israels bezeichnet, obwohl die Behörden keine Urkunden in englischer Sprache verfassen. Englisch ist auch die Sprache, mit der sich nichtjüdische Touristen in Israel verständigen können.

In Israel werden fast alle Sprachen gesprochen, je nach Herkunftsland der verschiedenen Immigranten, die seit 1948 nach Israel eingewandert sind. Auf der Straße hört man seit der letzten Immigrationswelle aus den ehemaligen GUS-Staaten allerdings fast mehr Russisch als Hebräisch.

Wie unterscheidet sich das moderne Hebräisch von dem der Bibel?

Grundsätzlich gibt es keinen Unterschied. Die Grammatik entspricht den grammatischen Formen der Bibel, ebenso das Vokabular. Nur in manchen Fällen wurden alte Formen modernisiert. Wer das biblische Hebräisch beherrscht, versteht auch die moderne Sprache des Landes, umgekehrt verhält es sich genauso. Der große Unterschied zwischen dem biblischen und dem modernem Hebräisch besteht in dem Vokabular, das durch technische Erfindungen und Erneuerungen in die Sprache eingeführt wurde und immer noch wird.

Wie wird Hebräisch geschrieben?

Hebräisch hat ein spezielles Alphabet, das aus 22 Buchstaben besteht, welche alle verschiedenen Konsonanten entsprechen. Die Vokale werden durch Punkte oder Striche unterhalb der Konsonanten markiert. Dennoch werden Bücher ohne Vokale gedruckt, der Leser muss die Wörter und die Sprache kennen. Nur Gebetsbücher und die *Tora* werden mit Vokalen geschrieben, damit die Leser die Gebete ohne Fehler sprechen können. Weder in der Druckschrift noch in der Schreibschrift werden die Buchstaben verbunden. Die Schreibrichtung verläuft von rechts nach links und von oben nach unten.

Wie groß ist die Bevölkerung Israels?

Es gibt einen Spruch, der besagt, dass man Juden nicht zählen soll. Es wird geschätzt, dass heutzutage etwa sechs Millionen Menschen in Israel leben. Davon sind etwa 16% Muslime, 4% Christen und andere Religionsangehörige, und ungefähr 80% Juden.

Die absoluten Zahlen steigen jeden Monat sehr stark an, bedingt durch das niedrige Durchschnittsalter der Bevölkerung, eine hohe Geburtenrate bei den Muslimen und den orthodoxen Juden und eine starke Immigration aus unterschiedlichen Ländern, insbesondere aus den ehemaligen GUS-Staaten.

Wie heißt die Hauptstadt Israels?

Die Hauptstadt Israels heißt Jerusalem. Nachdem der Prophet Gad ihm den Auftrag gegeben hatte, erwarb König David im Jahre 1004 v. Chr. von Arnan die sogenannte Kornkammer auf dem Berg Moria in Jerusalem, um dort einen Altar für Gott zu bauen. Er bezahlte damals fünfzig Silbermünzen und machte diesen Ort zur Hauptstadt seines Reiches.

Bei der Unabhängigkeitserklärung Israels 1948 wurde Jerusalem zur Hauptstadt des neu gegründeten Landes gemacht, obwohl die Stadt zweigeteilt wurde und ein Teil zu Jordanien, der andere zu Israel gehörte.

1967, nach dem Sechs-Tage-Krieg, wurde Jerusalem vereinigt und zur einzigen, ewigen und unteilbaren Hauptstadt Israels erklärt. Dennoch sind nicht alle Nationen der Welt bereit, Jerusalem als Hauptstadt Israels anzuerkennen, und viele Botschaften haben ihren Sitz in Tel Aviv.

Was macht die Klagemauer für die Juden so wichtig?

Die Klagemauer, also die westliche Mauer, wie sie auf Hebräisch genannt wird, ist das Einzige, was vom Tempel übriggeblieben ist, alles andere wurde zerstört. Gott hatte vorher geschworen, dass Seine Gegenwart nie diese Mauer verlassen würde und dass sie daher nie zerstört werden könnte.

Der *Midrasch* überliefert, dass der römische Kaiser Vespasian während der Belagerung Jerusalems anordnete, alle vier Stadtteile Jerusalems dem Erdboden gleichzumachen, also auch den Tempel zu zerstören. Die Generäle, die für den östlichen, den südlichen und den nördlichen Stadtteil zuständig waren, erfüllten alle ihre Aufgabe, nur Pangar, der den Westteil zerstören sollte, konnte dies nicht vollbringen. Er ließ zwar den ganzen Stadtteil verwüsten, scheiterte aber an der Westmauer des Tempels. Vespasian gegenüber rechtfertigte er sich mit einer List. Er erklärte ihm, dass er die Mauer stehen lassen hatte, um seinen Ruhm zu steigern und zu beweisen, dass der Kaiser auch wirklich eine große Stadt zerstört hatte. So konnte ihm später niemand vorwerfen, Jerusalem sei nur ein Dorf gewesen, die Mauer sollte von der Größe der zerstörten Stadt zeugen. Tatsächlich log Pangar aber, er hatte die Mauer einfach nicht zerstören können, so wie Gott es geschworen hatte.

Jahrhunderte lang versuchten fromme Juden immer wieder, an der Klagemauer zu beten, auch wenn die Ottomanen und Araber über diesen Teil Jerusalems herrschten. Seit der Befreiung Jerusalems können alle Juden der Welt wieder problemlos an die westliche Mauer gehen, um dort zu beten. Die göttliche Gegenwart hat die Klagemauer nie verlassen, daher ist auch die ganze Stadt von Heiligkeit geprägt, und die meisten Bewohner der Stadt sind sehr fromm.

Was wird am Jerusalemtag gefeiert?

Der Jerusalemtag erinnert an die Befreiung Jerusalems im Sechs-Tage-Krieg und an die Wiedervereinigung der Stadt im Juni 1967. Dieser Tag ist immer voller Freude, die aber auch mit Trauer um die bei der Befreiung der Stadt gefallenen Soldaten gemischt ist. Auch wenn es kein religiöser Feiertag ist, fügen viele fromme Juden zu diesem Anlass besondere Psalmen und Lobgebete zum Thema *Zion* und Jerusalem in ihr Gebet ein.

Was symbolisiert der Davidstern?

Der Davidstern besteht aus zwei Dreiecken, die so aufeinander liegen, dass sie einen Stern in der Form eines Hexameters bilden. Schon in der Antike wurde das Symbol zu Dekorationszwecken benutzt, es hatte zu dieser Zeit noch keine speziell jüdische Konnotation.

Auf Hebräisch heißt der Davidstern *Magen David* „Davidschild". Es ist allerdings nicht bewiesen, dass Davids Schild die Form eines Hexameters hatte, noch dass ein Davidstern auf dem Schild abgebildet war. In der „Encyclopedia Judaica" wird die Vermutung aufgestellt, dass sich stattdessen der Psalm 67 und eine Darstellung der *Menora* auf dem Schild befanden.

Die Nazis nannten den Davidstern „Judenstern" und benutzten ihn als Zeichen zur Erniedrigung. Sie zwangen alle Juden im besetzten Europa, ein gelbes Stück Stoff in der Form des Davidsterns zu tragen auf dem die Inschrift „Jude" in den verschiedenen Landesssprachen stand. Selbst in Vernichtungslagern trugen die Juden auf ihrer Lageruniform den gelben Stern. Da das Symbol Millionen von Juden auf ihrem Weg in den Tod begleitete, nahm es eine neue, tiefere Bedeutung an, in der Leid und Hoffnung vereint sind.

Die internationale Organisation des Roten Kreuzes wird in Israel durch den „Roten Davidstern" vertreten und heißt *Magen David Adom*.

Der neu gegründete Staat Israel wählte als sein Emblem die *Menora*, die auf allen offiziellen Gebäuden und Dokumenten abgebildet ist. Auch vor der Knesset, dem israelischen Parlament, steht eine überdimensionale *Menora*. Auf der Flagge des Landes jedoch befindet sich immer noch der Davidstern.

Wie entstand die israelische Flagge?

Als der erste Zionistische Kongress zum ersten Mal stattfand, entschieden die Teilnehmer, sich eine Flagge zuzulegen. Einer der Teilnehmer äußerte die Idee, sie hätten schon das Material: einen weißen *Tallit* mit blauen Streifen. Der Kongress entschied, dem noch einen blauen Davidstern hinzuzufügen. Bei der Gründung des jüdischen Staates wurde die Fahne des Zionistischen Kongresses übernommen.

Schalom

Was bedeutet das Wort Schalom?

Schalom bedeutet Frieden und wird auch als „Guten Tag" und „Tschüss" benutzt. Für „Auf Wiedersehen" gibt es ein anderes Wort *Lehitraot*.

Schalom ist ein Teil des Namens Jerusalem *Jeruscha-lajim*, der sich aufteilt in *Ir Schalom* (Stadt des Frie-dens).

Schalom ist unser kostbarster Wunsch. Möge Frieden in Israel herrschen, ein messianischer Frieden, wenn der Löwe wie das Rind Stroh fressen wird ... und das Kind seine Hand in die Höhle der Schlange stecken wird (Jesaja, 11,7-8). Ein messianischer Frieden, wenn die Völker nicht mehr gegeneinander das Schwert zie-hen und nicht mehr für den Krieg geübt wird (Jesaja, 2,4).

Glossar der hebräischen Begriffe

Adar	6. Monat des jüdischen Kalenders, *62*
Afikoman	Speise am Ende des *Seder* von *Pessach, 91*
Aguna	Status der Frau, deren Ehemann vermisst wird, *52*
Alenu	Schlussgebet, *108*
Amud	Lesepult in der Synagoge, *107*
Arawa	Bachweidenzweige, *77*
Aron Hakodesch	Heilige Lade in der Synagoge, *107*
Arwit	Abendgebet, *112*
Aschkenas	Juden osteuropäischen Ursprungs und ihre Kultur, *134*
Aw	11. Monat des jüdischen Kalenders, *62*
Bar-Mizwa	Volljährigkeit der Jungen im Alter von 13 Jahren, *37*
Bat-Mizwa	Volljährigkeit der Mädchen im Alter von zwölf Jahren, *37*
Beth-Din	Rabbinergericht, *17*
Bima	Estrade in der Synagoge, *107*
Brit-Mila	Rituelle Beschneidung, *26*
Chaliza	Zeremonie, die die Schwagerehe aufhebt, *50*
Challa	Weißbrotzopf, der zu Ehren des *Schabbat* gebacken wird, *100*
Challot	Plural von *Challa, 64*

Chanukka	Lichterfest in Erinnerung an das Öl-Wunder im Tempel, *80*
Chanukkia	*Chanukka*-Leuchter, *82*
Chatan Bereschit	Bräutigam der Genesis, *80*
Chatan Tora	Bräutigam der *Tora, 80*
Chassidim	Anhänger des Chassidismus, einer Bewegung, die durch den Baal Schem Tow gegründet wurde, *105*
Cheschwan	2. Monat des jüdischen Kalenders, *62*
Chewra Kadischa	Heilige Bruderschaft, zuständig für jüdische Beerdigungen, *53*
Chuppa	Baldachin für die Hochzeit, *44*
Elul	12. Monat des jüdischen Kalenders, *62*
Erussin	Verlobung, erster Teil der Hochzeit, *43*
Etrog	Zitrusfrucht, *77*
Gemara	Teil des *Talmud, 19*
Get	Religiöse Scheidung, *47*
Hadas	Myrtenzweige, *77*
Haggada	Erzählung des Auszugs aus Ägypten, *89*
Halacha	Jüdische Jurisprudenz, *65*
Haschem	Bezeichnung für Gott, der Ewige, *109*
Hawdala	Zeremonie am Ende des *Schabbat, 67*
Ijar	8. Monat des jüdischen Kalenders, *62*
Jeschiwa	Zentrum für das Lernen von *Tora* und *Talmud, 142*

Jeschiwot	Plural von *Jeschiwa, 131*
Jibum	Schwagerehe, *49*
Johrzeit	Jiddischer Begriff für „Todestag", *60*
Jom Haazmaut	Unabhängigkeitstag des Staates Israel, *153*
Jom Hadin	Tag des Gerichts, *Rosch Haschana, 69*
Jom Kippur	Versöhnungstag, *61*
Jom Terua	Tag des *Schofar*-Blasens, *Rosch Haschana, 69*
Jom-Hasikaron	Tag der Erinnerung, *Rosch Haschana, 69*
Kabalat Schabbat	Empfang des *Schabbat, 64*
Kaddisch	Heiligungsgebet und Gebet für einen Verstorbenen, *56*
Kaschern	Das Koschermachen von Fleisch, *124*
Kaschrut	Überbegriff für alles, was koscher ist, *32*
Keduscha	Heiligungsgebet, *112*
Keria	Das Zerreißen eines Gewandes, 55
Ketuba	Religiöse Trauungsurkunde, *44*
Kiddusch	Heiligung des *Schabbat* oder der Feiertage über einen Becher Wein, *64*
Kippa	Kopfbedeckung der Männer, Käppchen, *14*
Kislew	3. Monat des jüdischen Kalenders, *62*
Kohanim	Plural von *Kohen, 35*

Parewe	Neutral, weder milchig noch fleischig, *126*
Peruta	Kupfermünze zur Zeit des *Talmud, 45*
Pessach	Passa-Fest in Erinnerung an den Auszug aus Ägypten, *36*
Pidjon Haben	Auslösung des erstgeborenen Jungen, *34*
Prija	Handlung bei der Beschneidung, *30*
Purim	Fest der Auslosung, jüdischer Karneval, *85*
Rosch Haschana	Jüdisches Neujahr, *68*
Sandak	Pate bei der Beschneidung, *31*
Sanhedrin	Oberstes Gericht zur Zeit des *Talmud, 68*
Schabbat	Siebter Tag der Woche, *7*
Schabbatot	Plural von *Schabbat, 14*
Schacharit	Morgengebet, *111*
Schamasch	Diener, das neunte Licht bei der *Chanukkia, 82*
Schawuot	Fest der *Tora*-Übergabe, Erntefest, *61*
Schema	„Höre Israel", Glaubensbekenntnis, das täglich im Gebet gesprochen wird, *17*
Schewarim	Gebrochener *Schofar*-Ton, *70*
Schiwa	Erste Woche der Trauer, *58*
Schloschim	30 Tage der Trauer, *59*
Schofar	Widderhorn, in das man vor allem an *Rosch Haschana* bläst, *69*